Franz Joseph Schierse
Neuer Zugang zum Glauben

Franz Joseph Schierse

Neuer Zugang zum Glauben

Kv

Klens-Verlag Düsseldorf

1. Auflage 1975

Umschlagfoto: Wolf Krabel
Gesamtherstellung: Express-Druckerei, Düsseldorf

ISBN 3 87309 023 6

INHALT

Wer glaubt, will leben

Unbefangen glauben 8
Glaube an Gottes Wort 12
Für andere dasein 16
Vergebung annehmen und weitergeben 20
Arm sein 25
Wie ein Kind werden 31
Hoffnung haben 35

Wer lebt, darf hoffen

Jesus Christus – Kurzformel der Hoffnung 40
Ein Gott der Hoffnung 48
Hoffen wider alle Hoffnung 52
Hoffnung ohne Schwärmerei 56
Fröhlich sein in der Hoffnung 60

Was Lieben heißt, hat Jesus gezeigt

Liebe muß bewahren – Liebe muß verändern 66
Jesus: Mensch unter Menschen 70
Jesus und seine Jünger 74
Jesus und die Frauen 79
Jesus und die Mächtigen seiner Zeit 83
Jesus: Im Umgang mit Gegnern 88
Jesus und die Randgruppen 92

Wer glaubt, will leben

Unbefangen glauben

Zu den Begriffen, denen man heute – und das nicht nur außerhalb der Kirche – mit Unbehagen und Mißtrauen begegnet, gehört ohne Zweifel der Begriff des Dogmas. Man hört aus ihm den intoleranten und starren Anspruch auf blinden Glaubensgehorsam heraus, einen Glauben, der sich dazu noch auf theoretische und in schwerverständlicher Schulsprache formulierte Lehrsätze beziehen soll. Ein Blick in manche ältere theologische Lehrbücher scheint diesen Eindruck zu bestätigen.

Wie aber ein Lehrbuch der Biologie das Leben selbst nicht ersetzen kann und will, so steht es auch in der theologischen Wissenschaft. Ein Handbuch der dogmatischen Wahrheiten ist noch lange nicht die ganze, volle Wirklichkeit der Offenbarung, sondern nur der Versuch ihrer begrifflichen Festlegung und systematischen Einordnung. Und wie es in jeder Wissenschaft unumstößliche und gesicherte Erkenntnisse gibt, an denen die zukünftige Forschung nichts Wesentliches mehr ändern kann, so besitzt auch die Theologie ihre immergültigen Grundwahrheiten.

Dies schließt freilich nicht aus, daß selbst solche Grundwahrheiten – wie die Existenz eines persönlichen, außerweltlichen Gottes, seine Menschwerdung und Erlösungstat in Jesus Christus – im Laufe der Zeit immer tiefer verstanden und in den Zusammenhang unserer jeweiligen geschichtlichen Daseinserfahrung eingeordnet werden können. So traute schon das Erste Vatikanische Konzil der vom Glauben erleuchteten Vernunft „ein sehr fruchtbares Verständnis der Geheimnisse" zu (Denzinger–Schönmetzer, Sammlung der dogmatischen Entscheidungen, Nr. 3016).

Der Vergleich mit den Profanwissenschaften darf jedoch nicht zu weit getrieben werden. Die Theologie folgt nicht nur rationalen Prinzipien, sie genießt, sofern sie dem kirchlichen Lehramt verbunden bleibt, den übernatürlichen Beistand des Heiligen Geistes und muß deshalb neben hohen Erleuchtungen auch manche Dunkelheiten in Kauf nehmen. Zu den Rätseln göttlicher Gnadenführung darf man wohl auch die Tatsache

rechnen, daß nur wenige Grundwahrheiten des Glaubens im kirchenrechtlichen Sinne „Dogmen" und nicht alle „Dogmen" Grundwahrheiten sind. Wie ist das zu verstehen?
In der Heiligen Schrift gibt es eine Fülle von Aussagen, die so klar und eindeutig sind (oder zu sein scheinen!), daß sie von keinem bibelgläubigen Christen jemals bestritten wurden. Wer könnte zum Beispiel die Existenz Gottes leugnen oder an der Tatsache zweifeln, daß Jesus von Nazareth gelebt hat, ohne sich zugleich radikal vom christlichen Glauben zu trennen? Weil es also in der Christenheit um diese und andere Grundlehren nie einen ernsthaften Streit gegeben hat, brauchte sich auch kein Konzil und kein Papst mit ihnen zu befassen, um ihre Wahrheit zu verteidigen.
Anders stand es mit den zahlreichen Meinungs- und Schulstreitigkeiten, die das Christentum fast von Anfang an begleitet haben. Ihr theologischer Stellenwert war zwar oft weit geringer, doch fügten diese meist mit persönlichen Rivalitäten verbundenen Lehrdifferenzen der kirchlichen Einheit und letztlich dem Glauben selbst schweren Schaden zu. Hier mußte das Lehramt, vertreten durch die Bischöfe und den Papst, zu allgemeinverbindlichen Entscheidungen und „Sprachregelungen" kommen, damit die Gläubigen ihren Glauben wieder gemeinsam und in Frieden bekennen konnten. Zum unfehlbaren Dogma wurde eine von Gott geoffenbarte Lehre also erst durch den höchsten und letzten Akt kirchlicher Entscheidung, durch die feierliche Definition von seiten eines allgemeinen Konzils oder (seit 1854) des Papstes als obersten Lehrers der Kirche.
An diese außerordentliche Art der Lehrverkündigung denkt die katholische Theologie zumeist, wenn sie vom Dogma spricht. Da es sich um einen etwas komplizierten Sachverhalt handelt, zitieren wir noch einmal die begriffliche Definition des I. Vatikanums, wie sie der angesehene Münchener Dogmatikprofessor Josef Finkenzeller erläutert: „Unter Dogma versteht die Theologie im Anschluß an dieses Konzil eine von Gott unmittelbar geoffenbarte Wahrheit, die durch das kirchliche Lehramt klar und endgültig als Gegenstand des göttlichen und kirchlichen Glaubens vorgelegt wird. – Nach dieser Defi-

nition gehören also zum Dogma zwei wesentliche Merkmale: die Offenbarung Gottes und die verbindliche Glaubensvorlage durch die Kirche. Gott muß gesprochen haben. Nur was Gott geoffenbart hat, kann Gegenstand des Dogmas werden. Eine rein philosophische oder naturwissenschaftliche Wahrheit kann niemals Inhalt des Dogmas sein. Eine von Gott geoffenbarte Wahrheit ist aber erst dann Dogma, wenn sie durch das kirchliche Lehramt als solches erklärt wird. Dies ist bis in die Mitte des 19. Jahrhunderts nur dann geschehen, wenn die Offenbarung in bestimmten Punkten angegriffen wurde" (J. Finkenzeller, Glaube ohne Dogma? Dogma, Dogmenentwicklung und kirchliches Lehramt. Patmos-Verlag, 1972, S. 11). Neben diesem strengen Begriff von Dogma gebraucht die Theologie das Wort aber auch in einer etwas allgemeineren Bedeutung. So behandelt die Disziplin der „Dogmatik" alle theologischen Themen und Lehrsätze, mögen sie bereits feierlich definiert worden sein oder „nur" zur gewöhnlichen Glaubensverkündigung der Kirche gehören. Dementsprechend können sie auch als „dogmatische Wahrheiten" bezeichnet werden, allerdings mit einem gewissen Vorbehalt. Auf der einen Seite haben wir nämlich den sicher richtigen dogmatischen Grundsatz: Was von der ganzen Kirche als göttliche Offenbarung geglaubt und von allen Bischöfen als solche zum Glauben vorgestellt wird – in Predigt, Unterweisung und Liturgie –, das kann aufgrund der Assistenz des Heiligen Geistes nicht falsch sein. Auf der anderen Seite ist es im einzelnen konkreten Fall meist gar nicht so leicht festzustellen, ob alle Bedingungen dieses Grundsatzes erfüllt sind. Vor allem wird es sich bei genauerer Prüfung oft zeigen, daß Meinungsverschiedenheiten über den Umfang und die Art der zum Glauben vorgestellten göttlichen Offenbarungswahrheit bestehen oder zu Recht bestehen sollten. So haben die Theologen z. B. während des berüchtigten Galilei-Streites Anfang des 17. Jahrhunderts geglaubt, das geozentrische Weltbild sei eine dogmatisch unumstößliche Wahrheit, weil es einmal in der Heiligen Schrift vorausgesetzt sei und zum anderen von der ganzen Kirche für richtig gehalten werde. Ähnlich verhielt es sich bis vor wenigen Jahrzehnten in der Diskussion um die

Abstammung des Menschen. Fast alle Theologen meinten, die unmittelbare Erschaffung des menschlichen Leibes aus Erde für eine von Schrift und allgemeinem Lehramt bezeugte dogmatische Wahrheit erklären zu müssen. Gegen solche vorschnellen Behauptungen der Theologie, die dem Ansehen des Glaubens nur abträglich sein können, mahnte schon (vergeblich) der Canon 1323 § 3 des kirchlichen Gesetzbuches: „Als dogmatisch deklariert oder definiert soll keine Sache verstanden werden, wenn dies nicht offensichtlich feststeht."

Als kirchliche Artikulation der göttlichen Offenbarung kann auch ein definiertes Dogma den Formen einer bestimmten Zeit und Geistigkeit nicht entraten oder, um es mit den Worten von J. Finkenzeller zu sagen, „das Dogma ist wahr, aber es steht seiner Formulierung nach in der Geschichte und trägt die Last der Geschichte" (Seite 27 des zitierten Buches). Es wäre deshalb durchaus möglich, daß ein vor vielen Jahrhunderten artikuliertes Dogma von der Theologie erneut geprüft und unter Berücksichtigung der inzwischen gewonnenen Erkenntnisse sachgemäßer formuliert würde. Ein solcher Vorgang der Nachprüfung und Anpassung, wie er zu jedem geistigen Leben gehört, könnte die Kirche nur ehren und im wahrsten Sinne des Wortes „glaubwürdiger" machen.

Wichtiger als dieser Prozeß, der in erster Linie die Fachtheologen angeht, ist aber etwas anderes. Alle Gläubigen, gleich welchen kirchlichen Standes, sollten aufhören, dogmatische Wahrheiten wie alttestamentliche Gesetze zu betrachten, auf deren Übertretung der Tod steht. Gewiß, wer sich dem Leben verweigert, wählt den Tod. Um aber diese Konsequenz einzusehen, müßte das kirchliche Dogma zunächst in seiner verheißenden, Leben spendenden Funktion deutlich werden. Das Zweite Vatikanische Konzil war darum gut beraten, als es auf die früher bei solchen Gelegenheiten üblichen Verdammungs- und Fluchformeln verzichtete, um sich ganz der positiven Darlegung des Evangeliums zu widmen. Wie sollen auch Menschen zum Glauben finden, zu einem österlichen Glauben, der die Auferstehung und das Leben verbürgt, wenn sie ständig Angst haben müßten vor einem Gott, der schon geringe intellektuelle Abweichungen mit dem Tode bedroht?

Glaube an Gottes Wort

Im Gespräch mit geistig aufgeschlossenen und kirchlich sehr engagierten Christen mache ich immer wieder eine erstaunliche Beobachtung: Alle diese Menschen sind es gewohnt, in ihren Berufen mit zum Teil recht schwierigen Texten zu arbeiten. Beim Philologen gehört es zum täglichen Brot, fremdsprachliche, klassische oder moderne Literatur zu interpretieren und dem oft ganz andersgearteten Verständnishorizont des Schülers nahezubringen. Aber auch Juristen und Mediziner, von Politikern und Journalisten ganz zu schweigen, müssen Berichte, Dokumente, Verträge, Kommentare und was es sonst sein mag, richtig lesen können, um sich selbst und andere nicht in die Irre zu führen. Die Fähigkeit zu kritischer Unterscheidung zwischen zentralen und nebensächlichen Aussagen, zwischen Werbesprüchen und verbindlichen Auskünften, zwischen romanhafter Ausschmückung und nüchternem Tatsachenbericht wird allenthalben so selbstverständlich vorausgesetzt, daß es schon fast einer Beleidigung gleichkommt, von einem erwachsenen Menschen zu behaupten, er sei zu solchen Unterscheidungen nicht fähig. Allerdings gibt es auf jedem Fachgebiet auch ganz außergewöhnlich schwierige Texte, die eben nur der hochspezialisierte Experte richtig zu deuten versteht, aber dies anzuerkennen und an der kompetenten Stelle nachzufragen oder nachzuschlagen, ist bereits ein untrügliches Zeichen wahrer Bildung.

Und nun erlebe ich immer wieder das Überraschende: Diese selben Menschen zeigen sich kaum in der Lage, Texte der Heiligen Schrift sachgerecht zu interpretieren. Sogar angesichts leicht durchschaubarer literarischer Arten versagt das sonst so kritische Urteil, und was das Merkwürdigste ist, man wendet sich nicht etwa an die Fachleute der Exegese, um sich von ihnen beraten zu lassen, sondern wendet sich gegen sie mit den erbittertsten Vorwürfen: Sie hätten den Glauben an Gottes Wort zerstört, sie hätten dem Christen jede Sicherheit genommen, sie hätten dem Rationalismus, dem Skeptizismus und all dem modernen Wissenschaftsfetischismus die Tore zum Allerheiligsten aufgeschlossen. Es hat meist keinen

Zweck, diesem emotional aufgeladenen Widerstand mit vernünftigen Überlegungen begegnen zu wollen. Was Anstoß erregt und Protest auslöst, ist ja gerade das Bemühen, die Heilige Schrift nach den üblichen Maßstäben menschlicher Vernunft auszulegen. Wer aber grundsätzlich auf dem Standpunkt steht, daß man Gottes Wort nicht wissenschaftlich zu sezieren, sondern nur in kindlicher Gläubigkeit anzunehmen habe, der wird sich auf rationale Argumente nicht einlassen. Noch verfehlter wäre es, in gefühlsbetonter Weise zu reagieren und von Obskurantentum, Engstirnigkeit und blindem Köhlerglauben zu reden. Damit würden sich nur die sachlichen Gegensätze verschärfen und die vielleicht noch vorhandenen menschlichen Kontakte endgültig abbrechen. Wirklich helfen können allein „therapeutische" Gespräche, und zwar von allen Seiten und für alle Seiten. Niemand darf sich nämlich einbilden, von vornherein die Wahrheit gepachtet zu haben und den anderen zu seiner Meinung bekehren zu müssen. Das Wichtigste ist vielmehr, Verständnis für den Standpunkt des anderen zu gewinnen, um dann beiderseitige Fehlhaltungen richtigzustellen.

Wir Christen sind jahrhundertelang mit der Devise erzogen worden: Die Heilige Schrift ist Gottes Wort. An Gottes Wort aber ist nicht zu deuteln; denn Gott, die absolute Wahrheit, kann sich weder irren noch andere in Irrtum führen. Als dann zur Zeit der Aufklärung die Bibel in das Kreuzfeuer der historischen und naturwissenschaftlichen Kritik geriet und als die Wissenschaftler mit dem Glauben an die Irrtumslosigkeit der Schrift auch den Glauben an Gott und seine Offenbarung preisgaben, sah sich die Kirche gezwungen, den über jeden Irrtum erhabenen Charakter des Gotteswortes noch entschiedener zu verteidigen. Um die Angriffe der Bibelkritik besser abwehren zu können, entschloß man sich schließlich, die Wissenschaft und ihre Methoden in den Dienst der Glaubensverteidigung zu stellen. So wurde in Rom das Päpstliche Bibelinstitut errichtet, in Jerusalem die von französischen Dominikanern geleitete „École Biblique"; beide Institute sind im Laufe der Jahre zu international anerkannten Forschungszentren geworden.

Die intensive Beschäftigung mit allen die Bibel berührenden Fragen hat nach und nach zu der Erkenntnis geführt, daß die Heilige Schrift Gottes Wort in einer sehr menschlichen, zeit- und umweltbedingten Sprache ausrichtet. Diese Erkenntnis ist gewiß nicht neu, denn schon den Kirchenvätern war der Gedanke vertraut, daß sich Gott im Wort der Schrift ähnlich „entäußert" wie in der Menschwerdung seines Sohnes. „Gott spricht durch Menschen nach Menschenart, weil er uns sucht in solch einem Sprechen" (Augustinus, Über den Gottesstaat, 17). Was aber die Theologen früherer Jahrhunderte nicht wissen konnten, das war das wahrhaft bestürzende und schockierende Ausmaß der „Menschlichkeit" des Gotteswortes. Je eingehender die Texte untersucht und mit zeitgenössischen Dokumenten verglichen wurden, um so drängender stellte sich die Frage, wo und wie denn hier überhaupt noch Gott am Reden sei. Hinzu kam, daß sich manche Exegeten nur noch als Philologen, Archäologen, Religions- und Literaturhistoriker verstanden und die Frage nach der theologischen Verbindlichkeit unbeantwortet ließen.
Auf diesem Hintergrund kann man gut begreifen, daß heute viele Christen von der ganzen modernen Bibelkritik nichts mehr wissen wollen und wieder nach der einfachen, schlichten Kost des lebendigen Wortes Gottes hungern. Es geht ihnen, um einen Vergleich zu wagen, wie Konzertbesuchern, die sich nach anstrengendem Tagwerk bei schöner Musik entspannen möchten und denen statt des Konzerts ein schwerverständlicher musikwissenschaftlicher Vortrag geboten wird. Dieser Vergleich macht uns allerdings auch auf Gefahren aufmerksam, die mit einem zu unreflektierten Verhältnis zur Heiligen Schrift verbunden sein können. Wer in der Bibel und im Glauben überhaupt nur das sucht, was ihm die Hetze des Alltags versagt, nämlich Ruhe, Geborgenheit, Friede, das Abschalten von allen kritischen Denkprozessen und das Gefühl einer nicht zu erschütternden Sicherheit, der gerät bald in ein unlösbares Dilemma: Entweder er nimmt alles „wörtlich" und „so, wie es dasteht", oder er sieht sich außerstande, noch an den ganzen „Schmonzes" (Rud. Augstein) zu glauben.
Längst wissen auch die – mit Recht! – nach mehr Sicherheit

rufenden Christen, daß man die Bibel nicht wie ein Orakelbuch befragen kann, das alle Rätsel der Weltgeschichte im göttlichen Klartext löst und beantwortet. Die unkritische Berufung auf biblische Aussagen hat zuviel Unheil und Verwirrung geschaffen, als daß wir uns wieder Zeiten herbeiwünschen sollten, in denen der Sinn schwieriger Texte von oben herab und auf dem Verwaltungswege bestimmt wird. Ebenso hilft uns aber auch das subjektive Empfinden des einzelnen Gläubigen nicht weiter, die Geschichte der Sekten mit ihren oft abenteuerlichen Schrifterklärungen ist ein abschreckendes Beispiel.

Wir werden uns deshalb wohl oder übel mit einer verantwortlichen Bibelwissenschaft befreunden müssen, sonst verlieren wir gerade jene Sicherheit, die wir in der Heiligen Schrift suchen. Allerdings haben wir auch das Recht, die Exegeten immer wieder zur Sache zu rufen, damit sie ihre geistigen Kräfte nicht allein an gelehrte Details verschwenden. Von ihnen möchten wir gern hören, was denn nach Abzug oder besser Verrechnung aller mythischen, legendären und interpretativen Elemente noch an gültiger Gottesrede bleibt. Vielleicht unterscheidet sich unser Anliegen gar nicht so sehr von dem jenes jüdischen Schriftgelehrten, der angesichts einer verwirrenden Fülle von Gesetzen, Vorschriften und einander oft widersprechenden Auslegungen nach der Hauptsache, dem „allerersten Gebot", fragte (Mk 12,28–34). Freilich geht es im Neuen Bund nicht mehr um größere oder kleinere Gebote, um wesentlichere oder nebensächlichere Glaubenswahrheiten, solche, an die man unbedingt zu glauben habe, und andere, über die sich streiten lasse. Wenn wir das Evangelium recht verstehen, will es uns nur das eine sagen, aber dieses „Eine und Not-wendige" (vgl. Lk 10,42) mit absoluter Gewißheit: Gott liebt den verlorenen Menschen, er gibt sein Geschöpf nicht preis, und deshalb kann es auch für den Christen keine Grenzen der Menschlichkeit geben.

Immer wieder höre ich nach dieser oder einer ähnlich lautenden Auskunft die enttäuschte Frage, ob denn dies alles sei. Ja, sage ich, das ist alles. Mehr weiß ich nicht, mehr weiß auch die Heilige Schrift nicht.

Für andere dasein

Für viele Menschen, die gute Christen sein möchten, wird die Aufnahme der überlieferten Glaubenslehre – oder was man dafür ausgibt – zu einer immer schwereren Last. In dieser Glaubensnot wissen viele nicht mehr ein noch aus. Wie bitter kann es dann sein, wenn solche Christen von einigen Vertretern der Amtskirche gelegentlich das harte Wort hören: Wer nicht mehr an diese oder jene Offenbarungswahrheit glauben könne oder wolle, der möge dies ehrlich sagen, die Konsequenzen ziehen und aus der Kirche, die nicht mehr die seine sei, austreten. Abgesehen davon, daß dieser Rat einen erschreckenden Mangel an seelsorgerischer Klugheit verrät, zeugt er leider auch von einer falschen Einschätzung dessen, was christlicher Glaube bedeutet. Wenn die Zugehörigkeit zur Kirche daran gemessen wird, ob jemand an bestimmten Lehrsätzen festhält, dann gerät der Glaube in den Verdacht, nicht viel mehr als eine Art Eintrittsgebühr oder Beitragsleistung für einen frommen Verein zu sein. Außerdem gibt es Menschen, die von den sogenannten Offenbarungswahrheiten nichts wissen oder wissen wollen und die uns Christen trotzdem durch ein wirklich vorbildliches Leben beschämen. Offensichtlich entscheidet sich also die Frage, ob jemand glaubt oder nicht glaubt, an anderen Kriterien als an dem eines formal richtigen Bekenntnisses.

Über eines dieser Kriterien möchten wir heute nachdenken, über das „Für andere dasein". Was hat diese zunächst zwischenmenschliche Verhaltensweise mit dem Glauben, mit Gott, Jesus und der Kirche zu tun?

Erinnern wir uns, wie Gott in vielen frommen Büchern und Predigten geschildert wurde: ein Wesen, das sich selbst vollkommen genügt, das niemand und nichts zu seiner Seligkeit braucht, weil es alles in absoluter Fülle besitzt, ein Wesen, das aus freiem Entschluß andere Wesen ins Dasein gerufen hat, Geschöpfe, die nun Gott loben, ihm danken und dienen müssen. Hinter dieser so erhaben klingenden Vorstellung steckt, nüchtern betrachtet, ein ganz einfaches gesellschaftspolitisches Modell, das des Feudalismus und Absolutismus. Der

König oder Fürst gilt als unumschränkter Herr des Landes und seiner Bewohner, er ist niemand etwas schuldig. Allein seiner Gunst verdanken die Untertanen ihre Existenz, ihr Hab und Gut, Freiheit und Leben. Deshalb müssen sie ihm auch in unbedingter Treue, Ergebenheit und Gehorsam dienen. Auf eine kurze Formel gebracht, heißt in diesem Modell die Parole: Alle für einen – einer (so es ihm beliebt) für alle! Der „eine", gleich ob Gott, König oder Dienstherr, beansprucht die anderen mit allen ihren Kräften, mit Leib und Seele, vom ersten bis zum letzten Atemzug. Er selber ist zu nichts verpflichtet, es sei denn, daß er die Treue seiner Untertanen aus reiner Gnade belohnt. Als souveräner Herr und Gebieter lenkt er das Schicksal der ihm Untergebenen, handelt und entscheidet für sie, wie es ihm beliebt.
Seit der Aufklärung und der Französischen Revolution ist der Mythos des sich selbst genügenden, keiner irdischen Instanz verantwortlichen Herrschers zusammengebrochen. Nicht das Volk verdankt sich dem König, das gerade Gegenteil ist wahr: Ohne den guten Willen der Untertanen, ohne ihre Arbeit, ihren Schweiß, ihr Blut wäre der Herrscher ein Nichts, ein Popanz. Diese Erkenntnis hat zur Demokratie, zur Herrschaft des Volkes geführt – aber auch zur Entthronung jenes Gottes, der nach dem Bilde orientalischer Großkönige und Potentaten geschaffen war. Auch ein solcher Gott verdankte seine Existenz nur den Gebeten und Opfern, den Ängsten und Sehnsüchten der Gläubigen. Er hat Knechtschaft, Armut und Elend als Ausdruck seines „heiligen" Willens sanktioniert, das Unrecht der Besitzenden verteidigt und die Ausbeutung zum religiösen System erhoben. Wir sollten seinem Abgang nicht nachtrauern, wie es manche kirchliche Kreise leider immer noch tun, sondern nach dem wahren und lebendigen Gott suchen.
In dem eben beschriebenen Modell gab es kein echtes „Für andere dasein", weder auf seiten Gottes noch auf seiten der Menschen. Gott war sich selbst genug, er brauchte kein anderes Wesen zu seiner Vollendung, und der Mensch hatte den ihm zugewiesenen Platz auszufüllen, ohne nach rechts und nach links zu schauen. Freilich gehörte auch ein gewisses Maß an Nächstenliebe zu den von oben her verordneten Pflichten,

aber dies bedeutete im Grunde mehr eine Konzession an die tatsächlichen sozialen Gegebenheiten als eine Konsequenz des Gottesglaubens. Wie müßte nun aber ein Gott aussehen, der das „Für andere dasein" zu seinem Programm gemacht hat? Die Bibel kennt ihn mit Namen, im Alten Testament heißt er „Jahwe", im Neuen Testament „Vater Jesu Christi". Es ist der Gott, der sich dem Mose in der Wüste als der für Israel „Da-Seiende" vorstellt, als ein in die Freiheit rufender, aus der Sklaverei Ägyptens herausführender Gott (Ex 3). Erst die spätere, von der griechischen Philosophie beeinflußte Gotteslehre hat den Jahwe-Namen im Sinne von „Ich bin der schlechthin Seiende, das Sein selbst" mißverstanden. Den alten Hebräern ging es jedoch nicht um das metaphysische Wesen Gottes, sondern um seine helfende und rettende Nähe, um sein Dasein für das geknechtete und ausgebeutete Volk. Am Anfang der jüdisch-christlichen Religionsgeschichte steht also ein sich mit den Menschen solidarisierender Gott, einer, der für die Lebensrechte anderer eintritt.

Noch vorbehaltloser hat Jesus das „Für andere dasein" gelebt und bis in den Tod hinein demonstriert. Er hat sich nicht für abstrakte oder kollektive Größen wie das Volk, die Nation, den Staat, die Religion oder die Sittlichkeit eingesetzt, sondern ganz unmittelbar für den einzelnen Menschen und vor allem für die Leidenden und Verlorenen, die Außenseiter und Stiefkinder der Gesellschaft. So konnte der evangelische Theologe und Widerstandskämpfer Dietrich Bonhoeffer schreiben: „Unser Verhältnis zu Gott ist kein ‚religiöses' zu einem denkbar höchsten, mächtigsten, besten Wesen – dies ist keine echte Transzendenz –, sondern unser Verhältnis zu Gott ist ein neues Leben im ‚Dasein für andere', in der Teilnahme am Sein Jesu" (Widerstand und Ergebung, München 1964, 260).

Wenn aber Jesus der „Mensch für andere" (ebd.) ist, der das „Für euch" zum Kennwort seines Neuen Bundes, seiner Befreiungstat am Kreuz gemacht hat, dann kann auch die Kirche kein besseres und treffenderes Kriterium des Glaubens aufstellen als das „Für andere dasein". Man sage nur nicht, dies sei doch die Entleerung des Glaubens, seine Reduzierung auf bloße Mitmenschlichkeit. Der wahrhaft gläubige Christ halte an den im Credo festgelegten Offenbarungstatsachen fest, und das unterscheide ihn vom Heiden und Gottlosen. Nein, so einfach geht es nun wirklich nicht. Gewiß haben die Bekenntnisformeln der alten Kirche auch heute noch ihren guten Sinn – wenn wir ihren Sinn verstehen, und dieser Sinn ist in dem Kernsatz eingeschlossen: „wegen uns Menschen und um unserer Rettung willen". Wir bekennen uns zu einem Gott, der sich immer schon und für alle Ewigkeit auf die Seite des Menschen gestellt hat. Angesichts dieser in Jesus leibhaft gewordenen „Menschenfreundlichkeit Gottes" (Tit 3,4) sollte uns Christen das abwertende Wort von der „bloßen" Humanität und Mitmenschlichkeit im Munde steckenbleiben.

In der Tat haben noch die Erfahrungen der jüngeren Kirchengeschichte gezeigt, daß es viel leichter ist, an Bekenntnisformeln festzuhalten, als sich in der Nachfolge Jesu für andere einzusetzen. Wir wollen aber nicht über Vergangenes urteilen, sondern die Zukunft des Glaubens, die unsere eigene Zukunft ist, gestalten helfen. Wofür leben wir eigentlich, für ein nach dem Vorbild absolutistischer Herrscher vorgestelltes höchstes Wesen? für unseren Beruf? für irgendwelche Ideale und Institutionen? oder gar nur für uns selbst? Wer glaubt, lebt für andere, der verliert „sein" Leben, um es zu gewinnen.

Vergebung annehmen und weitergeben

Zu den sichersten Daten der Lebensgeschichte Jesu gehört die Tatsache, daß Jesus Sünden vergeben und Sünder in seine Gemeinschaft berufen hat. Ebenso zuverlässig bezeugt ist auch, daß gerade dieses Verhalten Jesus in den für ihn tödlich endenden Konflikt mit den Pharisäern, den frommen und gesetzestreuen Juden seiner Zeit, gebracht hat. Die Evangelien kleiden das Ärgernis, das die Pharisäer nahmen, in den Satz: „Was redet dieser da? Er lästert! Wer kann Sünden vergeben außer einem, Gott!" (Mk 2,7). Ausgehend von dieser – wohlgemerkt pharisäischen – Argumentation, haben die Christen später in der Tatsache, daß Jesus Sünden vergeben hat, einen Beweis für seine Gottheit gesehen.
Ganz sicher verrät der Anspruch, Sünden vergeben zu können, ein hohes, göttliches Selbstbewußtsein, doch wäre wohl zu fragen, ob Jesus selber den Standpunkt der Pharisäer uneingeschränkt geteilt hat: daß nämlich Sündenvergebung ein so ausschließliches Privileg Gottes ist, daß es nicht auch „Menschen gegeben" werden kann (Mt 9,8). Hinzu kommt, daß der Vorwurf der Gotteslästerung nicht nur gegen den persönlichen Anspruch Jesu gemünzt war, sondern auch gegen seine Methoden der Sündenvergebung. Man verübelte es ihm, daß er sich mit öffentlichen Sündern an einen Tisch setzte und mit ihnen Umgang pflegte, ehe sie sich bekehrt und gehörige Buße getan hatten (Mk 2,16).
Nun könnte man vielleicht sagen, dies alles sei doch weder aufregend noch neu. Was Gott angehe, so verstehe es sich von selbst, daß er dem reumütigen Sünder verzeihe, und Jesus sei eben sein Sohn. Deshalb unterziehe sich ja der gläubige Christ dem kirchlichen Bußgericht, weil ihn sonst niemand in der Welt von seinen Sünden lossprechen könne. Natürlich müsse man, um selber Vergebung zu erlangen, auch anderen gegenüber versöhnungsbereit sein.
Ich finde, daß uns die Formeln „Sündenvergebung", „Nachlaß der Schuld", „Buße" und „Umkehr" etwas zu leicht von den Lippen fließen. Anscheinend setzen wir auch voraus, daß jedermann weiß, wovon wir reden, zumal uns katholischen

Christen ein gleichsam perfekt funktionierendes System der Vergebung, das Bußsakrament, zur Verfügung steht. Nähere Erklärungen scheinen deshalb angebracht.
Beginnen wir mit dem Standpunkt der Pharisäer. Auch sie sprachen von der Barmherzigkeit und Vergebungsbereitschaft Gottes, aber ihrer Meinung nach konnte Gott dem Sünder erst vergeben, wenn dieser Buße getan und seine Schuld gesühnt hatte. Ihr Gott war für die peinlich genaue Einhaltung des Gesetzes als einer unverbrüchlich-himmlischen Ordnung verantwortlich, es hätte seiner Heiligkeit und Gerechtigkeit widersprochen, wenn er einem Sünder vorbehaltlos die Gemeinschaft angeboten hätte.
Im Grunde stellte man sich also Gott als eine Art Buchhalter vor, der die Passiva und Aktiva eines Menschen nachzuprüfen hatte, um dann die Bilanz zu ziehen. Seine Barmherzigkeit bestand darin, daß er den Sünder nicht sofort verdammte, sondern ihm Gelegenheit zur Umkehr bot. Wer diese Chance nicht nutzte, verfiel einem gerechten, aber schrecklichen Gericht. Entsprechend dem Gott zugeschriebenen Verhalten, sonderten sich die Pharisäer von allen Gesetzlosen, Heiden und Sündern ab, mieden ängstlich deren Gemeinschaft und waren erst bereit, ihnen die Hand zur Versöhnung zu reichen, wenn sie gehörig gebüßt und alles in Ordnung gebracht hatten.
Aber wie anders soll denn Gott einem Sünder verzeihen? Müssen nicht Reue, Umkehr und Bekenntnis der Schuld voraufgehen? Kann „Gott seine Liebe zu uns bestehen lassen, solange wir noch Sünder sind" (vgl. Röm 5,8)? Wäre dies nicht Gleichgültigkeit gegenüber dem Bösen oder gar Zustimmung?
Keineswegs, sagt Jesus, Gott will selbstverständlich die Bekehrung des Sünders, und niemand verabscheut das Böse so wie er. Aber gerade deshalb läßt er sich die Methoden des Unrechts, der Gewalt, der Rache nicht aufzwingen. Er bleibt auch „gegen den Undankbaren und Bösen gütig" (Lk 6,35), er „liebt seine Feinde" und verweigert ihnen weder „Sonnenschein" noch „Regen" (Mt 5,45). Wäre Gott so wie wir, würde er Gleiches mit Gleichem vergelten und auf jede Beleidigung gekränkt reagieren. Darin zeigt sich jedoch seine göttliche Frei-

heit und Überlegenheit, daß er an der einmal zugesagten Treue und Gemeinschaft festhält, daß er die Verirrten und Verlorenen niemals preisgibt, sondern ihnen nachgeht, bis er sie findet.

Das klingt sehr schön und sogar ein bißchen sentimental, solange man an wollige Schäfchen denkt, die sich im Dornengestrüpp verfangen haben. Vielleicht rühren uns auch noch die drehbuchreifen Storys von öffentlichen Sünderinnen, die sich im Schoße eines „Guten Hirten" zu einem bürgerlichen Tugendwandel entschlossen haben. Aber man komme uns ja nicht mit Triebverbrechern, Abartigen, Raubmördern, Betrügern, politischen und ideologischen Gegnern. Hier hört, so meinen wir, die Gemütlichkeit auf, da helfen nur harte Bestrafung, gerechte Sühne, Ausschluß aus der Gemeinschaft anständiger Menschen.

Es muß nachdenklich stimmen, daß Abschaffung der Todesstrafe, Humanisierung des Strafvollzugs, Resozialisierung von Kriminellen nicht zu den bevorzugten Programmpunkten gehören, die von ausgesprochen christlichen Gruppen unserer Gesellschaft vorangetrieben wurden und werden. Ob der pharisäische Standpunkt nicht doch wieder die Oberhand gewonnen hat? Erst Sühne und Wiedergutmachung – dann Vergebung. Und wie sieht eine solche „Vergebung" oft aus: Der Schuldiggewordene bleibt gezeichnet, er wird den Makel nie mehr los und muß das Büßerkleid zeitlebens tragen. Für ihre verlorenen Söhne und Töchter halten unsere christlichen Gemeinden kein Festgewand, keinen Ring, kein Mastkalb bereit. Der Vater scheint längst gestorben, und an seiner Statt führt der „ältere Sohn", der sich rühmen darf, „nie ein Gebot übertreten zu haben", ein strenges Regiment.

Nun geht es uns hier nicht um die schwierigen Fragen des Strafvollzugs und der Resozialisierung, sondern um grundsätzliche Einstellungen, die für das persönliche Leben und den alltäglichen Umgang mit anderen Menschen relevant sind. Wenn Vergebung nur als ein automatisch funktionierender Mechanismus von Schuld und Sühne aufgefaßt wird, ist es um die Freiheit geschehen, und zwar sowohl um die Freiheit Gottes als auch die des Menschen. Der wahre Herr der Welt ist dann das Gesetz, eine unerbittliche moralische Ordnung, aber kein persönliches Du, kein Vater, kein Urgrund der Liebe. Natürlich bedarf der Mensch des „heiligen, gerechten und guten Gesetzes" (Röm 7,12), aber es wäre Blasphemie, dieses Gesetz einfach mit Gott gleichzusetzen. Denn an ein Gesetz braucht man nicht zu glauben, man kennt es oder kennt es nicht, man hält es oder hält es – zum eigenen Schaden – nicht. So glauben wir auch nicht an die „Zehn Gebote", sondern betrachten sie als eine durchaus notwendige und vernünftige Regelung menschlicher Bezüge.

Der Glaube aber bedeutet mehr, er hat es mit Gott zu tun, einem persönlichen Gegenüber oder besser Bundespartner, der uns auch dann nicht fallenläßt, wenn wir fallen, der uns treu bleibt, auch wenn wir versagen. Vergebung der Schuld ist demnach keine besondere Tätigkeit Gottes, die der Mensch durch sein Verhalten erst in Gang setzen muß, Vergebung ist vielmehr nur ein anderer Name für Gott selbst, für jenen Gott, dessen Wesen uns Jesus „ausgelegt" (Jo 1,18) hat.

Was ergeben sich daraus für praktische Folgerungen? Ein Leben aus einem so verstandenen Gottesglauben kennt keine Furcht mehr, es ist wahrhaft „befreit", wie ja das griechische Wort für Sündenvergebung im Neuen Testament dem Wortstamm nach meist „Freilassung" bedeutet. Angst, Skrupel, Zwangsneurosen und Verzweiflung greifen nur dort Platz, wo der Mensch meint, sich durch eigenes Bemühen die Gnade Gottes wieder verdienen zu müssen. Wer sich aber immer schon und bedingungslos angenommen weiß wie ein Kind, der besitzt nicht nur einen stärkeren Halt, als ihn die Gesetzesfurcht zu geben vermag, der beginnt auch in seinem Verhalten zum Mitmenschen „gottförmiger" zu werden. Er trägt nichts nach, rechnet nichts vor, wartet nicht ab, bis der andere seinen Fehler gutgemacht hat, sondern reicht zuerst die Hand zur Versöhnung. Seine Barmherzigkeit hat nicht den säuerlichen Beigeschmack eines kargen Almosens, das den armen Sünder, statt ihn zu erheben, noch tiefer demütigt. Er versucht, „barmherzig zu sein, wie der Vater barmherzig ist" (Lk 6,36), d. h. im Bewußtsein der Mitverantwortung und Mitschuld.

Ja, Gott trägt schwer an der Schuld der Menschheit und hat

sich zu ihr bekannt – am Kreuz. Wie könnte er sich sonst „Vater“ nennen lassen, wenn ihm dieses Wesenselement der Väterlichkeit fehlte: sich für alles, was die eigenen Kinder tun, mitverantwortlich zu wissen? Um wieviel weniger können wir so tun, als seien die großen und kleinen Verbrechen unserer Mitmenschen nicht auch unsere Schuld? Wahrhaftig, gäbe es keinen Gott der Vergebung, uns bliebe nur die Verzweiflung.

Arm sein

In unserer Zeit trat eine alleinstehende, berufstätige Frau zu Jesus heran und fragte: Guter Meister, was muß ich tun, um ewiges Leben zu erben? Jesus aber sprach zu ihr: Was nennen Sie mich gut? Nur einer ist gut: Gott! Die Gebote kennen Sie: „Du sollst nicht töten, du sollst nicht ehebrechen, du sollst nicht stehlen ..." Sie aber sagte zu ihm: Meister, das alles habe ich beobachtet von Jugend an. Jesus aber, sie anblikkend, gewann sie lieb und sprach zu ihr: Eins mangelt Ihnen. Gehen Sie hin, verkaufen Sie, was Sie haben, und geben Sie es den Armen und Sie werden einen Schatz im Himmel haben; dann kommen Sie und folgen Sie mir nach! Sie aber ward bestürzt über das Wort und ging betrübt hinweg; denn sie verfügte über ein gutes Einkommen, besaß eine geschmackvoll eingerichtete Wohnung und konnte sich ein Leben ohne die tausend Annehmlichkeiten unserer Wohlstandsgesellschaft nicht mehr vorstellen.

Dieser Text ist trotz seiner leicht modernisierten Form so mißverständlich und schockierend wie eh und je. Er gehört zu jenen Worten der Schrift, vor denen der Mensch „erschaudert" (Mk 10,24).

Kein Zweifel, niemand will gern arm sein. Armut gilt als Schande, als Ausweis persönlicher Untüchtigkeit und schweren Versagens. In unserer Gesellschaft hat man genügend Geld zu haben, so wie es sich von selbst versteht, daß man anständig gekleidet ist und nicht um ein Stück Brot zu betteln braucht. Natürlich weiß man, daß es überall in der Welt noch sehr viel Armut gibt. Aber man glaubt auch, die Gründe zu kennen: weil diese Leute faul sind, weil sie nichts Ordentliches gelernt haben, weil die klimatischen oder sozialen Verhältnisse keine Aufstiegsmöglichkeiten bieten, weil zu viele Kinder in die Welt gesetzt werden. Weil also die Wurzeln der Armut bekannt sind, besteht auch begründete Hoffnung, daß es nicht mehr allzu lange dauern wird, bis die gesamte Menschheit durch Entwicklungshilfe und eine gerechtere Verteilung der Produktionsgüter einen, wenn auch bescheidenen, Wohlstand erreicht.

Unter diesen Perspektiven erscheint es geradezu töricht, die Armut als christliche Tugend wiederentdecken und zur Nachahmung empfehlen zu wollen. Was nützt es dem Notleidenden, wenn ich mich selber arm mache und auf Unterstützung durch andere angewiesen bin? Oder sollte die Armut in sich selbst ein Gut, ein erstrebenswertes Ziel sein, so daß nur der „reich vor Gott" ist und „einen Schatz im Himmel" hat, der die irdischen Besitztümer gering achtet und sich ihrer möglichst radikal entledigt?
Es gibt nicht allzu viele Begriffe, die schon in der Heiligen Schrift und dann in der ganzen Kirchengeschichte so verschieden beurteilt, motiviert und realisiert worden sind wie der Begriff der Armut. Das ist an sich nicht verwunderlich, da „Armut" zunächst einen wirtschaftlichen und soziologischen Tatbestand bezeichnet, also eine von den jeweiligen Umständen abhängige, relative Größe. Wer heutzutage und in unseren Breiten als arm gilt, wäre vor einigen Jahrhunderten wahrscheinlich als Krösus bestaunt worden und könnte sich auch jetzt noch unter der Bevölkerung vieler Entwicklungsländer zu den Begüterten zählen.
Immerhin weist die Armut einige Merkmale auf, die sich zu allen Zeiten und an allen Orten nur wenig ändern. Es sind die tatsächliche Entbehrung, das Nichthaben und Nichtgenießenkönnen jener Lebensgüter, die anderen Menschen zur Verfügung stehen; dann die wirtschaftliche Ungesichertheit, das Nichtwissen, wovon man am nächsten Tag leben soll, und schließlich der geminderte soziale Einfluß, das mangelnde Ansehen in der Gesellschaft. Kein normaler Mensch wird sich diese negativen Folgen der Armut wünschen, und so wundert es auch nicht, daß die Heilige Schrift an zahlreichen Stellen den Reichtum als Zeichen göttlichen Segens preist und die Armut als Last und Strafe Gottes beklagt. Wie ist es dann aber zu jener religiösen Hochschätzung der Armut gekommen, der wir bei manchen Propheten und im Evangelium begegnen?
Während der Zeit des nomadischen Wanderlebens hatte eine festgefügte Stammes- und Sippenordnung für die Armen, Kranken und Schwachen gesorgt. Als dann die Stämme in das

ihnen von Gott „gelobte" Land gezogen waren, sollte jeder Israelit Anteil an Grund und Boden erhalten. Der Übergang zur bäuerlichen Seßhaftigkeit führte jedoch bald zur Auflösung der alten sozialen Bindungen. Nach dem Vorbild der kanaanäischen Feudalstrukturen erwarben reiche Grundbesitzer immer mehr Land, und aus ehedem freien Bauern wurden Tagelöhner und Schuldsklaven. Die Kluft zwischen reich und arm vergrößerte sich in den folgenden Jahrhunderten zusehends, die sozialen Mißstände waren wie überall im Alten Orient himmelschreiend. Hier setzte der leidenschaftliche Protest der Propheten ein. Mit Berufung auf das alte Bundesrecht, das den Schutz der wirtschaftlich Schwächeren garantiert hatte, drohten sie den Reichen und Mächtigen das Gericht Gottes an. Den Armen und Verelendeten werde Jahwe zu Hilfe kommen und ihnen Gerechtigkeit widerfahren lassen.

In der Predigt der vorexilischen Propheten bahnt sich also bereits eine Umwertung der Werte an: Reichtum ist nicht immer Zeichen göttlichen Segens und Armut nicht immer ein Fluch. Wenn Gott auf seiten der Elenden und Bedrückten steht, wenn er der Anwalt der Witwen, Waisen und Entrechteten ist, dann könnte es ratsam sein, zur Gruppe der Armen und Geringen zu zählen. Aber erst während und nach dem Exil kommt es zu jener Gleichsetzung von arm und fromm, die wir aus zahlreichen Psalmen kennen. Das israelitische Volk als Ganzes hat die Erfahrung äußerster Not gemacht, seitdem tröstet man sich mit der Hoffnung, daß Gott sich „seiner Elenden erbarmen" wird (Jes 49,13).

Das neue Frömmigkeitsideal, das Armut und Demut verband, gewann in den letzten Jahrhunderten vor der Zeitenwende noch einmal lebendige Aktualität. Die Reichen und Mächtigen gehörten meist zu den Gottlosen, den Feinden Israels, wahre Frömmigkeit, die alles Heil vom kommenden Gottesreich erwartete, war beim einfachen, schlichten Volk zu Haus. Allerdings war es kaum möglich, die zahlreichen rituellen Vorschriften ohne einen gewissen Wohlstand zu erfüllen, so daß die ganz Armen doch wieder von den Segnungen des künftigen Äons ausgeschlossen schienen. Hinzu kam, daß der Armutsbegriff allmählich stark spiritualisiert wurde. Auch mehr oder minder Begüterte konnten sich zu den „vor Gott" oder „im Geiste" Armen rechnen. Eine besondere Form, das Ideal des armen Gottesvolkes zu realisieren, bot um die damalige Zeit die Qumrangemeinde mit ihrer Forderung, freiwillig auf eigenen Besitz zu verzichten und ein Leben in klösterlicher Gemeinschaft zu verbringen.

Man muß die Vorgeschichte der Armutstheologie und -frömmigkeit ein wenig kennen, um sich in der verwirrenden Vielfalt neutestamentlicher Äußerungen zurechtzufinden. Isoliert betrachtet, könnte sonst der Eindruck entstehen, als sei Jesus ein strenger Asket gewesen, der von allen Menschen den radikalen Verzicht auf irdische Güter „um des Himmelreichs willen" gefordert habe.

Der historische Jesus hat weder die Armut geliebt noch den Reichtum verachtet oder gar gehaßt, wie es ihm überhaupt nicht um abstrakte Tugenden und Grundsätze ging. Was ihm Sorge bereitete, war allein der Mensch, der arme sowohl als auch der reiche. Den Armen hat Jesus in den Seligpreisungen die Güter der Gottesherrschaft zugesprochen, ein Beweis, daß er Not und Bedürftigkeit nicht als unabänderliche Fügungen, sondern als zu überwindende Mißstände beurteilte. Warum hätte er sonst Kranke geheilt, Hungernde gesättigt und Armen die „frohe" Botschaft von der nahe bevorstehenden Änderung ihres Geschickes verkündigt?

Den Reichen hat Jesus in seiner Predigt besondere Aufmerksamkeit gewidmet, weil er diese Menschen als in ihrem Menschsein schwer gefährdet ansah. Er verurteilte ihren Sklavendienst unter der Herrschaft des Mammons (Mt 6,24), ihr unruhiges und unzufriedenes Sorgen um Nahrung und Kleidung (Mt 6,25–34), ihre zum Scheitern verurteilten Versuche, das Leben durch Anhäufen von Vorräten zu sichern (Lk 12,15–21), ihr selbstsüchtiges, rücksichtsloses und um die Not des Mitmenschen unbekümmertes Prassen und Schwelgen (Lk 16,19–31). Diese falsche Einstellung gegenüber den materiellen Gütern wird als „heidnisch" charakterisiert (Mt 6,32), als Ausdruck der Gottlosigkeit und des Unglaubens. Genau umgekehrt soll sich der Gläubige gegenüber Reichtum und Besitz verhalten: Sein Dasein bezeugt die Freiheit von der

Mammonsknechtschaft, die Ausschließlichkeit des den Menschen zum Herrn der Schöpfung machenden Gottesdienstes, er darf in der Gemeinde ein kindlich unbeschwertes, von keiner Existenznot bedrohtes Leben führen, ihm ist die Verantwortung für den sozial Schwächeren als vornehmste religiöse Pflicht aufgetragen.

Hat aber Jesus nicht wenigstens von seinen engsten Nachfolgern mehr verlangt als die bloße kritische Distanz, die innere Freiheit gegenüber dem Besitz? Hat er sie nicht aufgefordert, „allem zu entsagen" (Lk 14,33), „alles zu verkaufen" (Lk 18,22), „alles zu verlassen" (Mk 10,28) und so ihm nachzufolgen?

Die Frage selbst bedarf zunächst einer Korrektur. Gewiß mag der reale Verzicht auf Hab und Gut nach außen hin „mehr" bedeuten als die bloß gesinnungsmäßige Loslösung. Was das Evangelium aber mit der inneren, von Gott her ermöglichten Freiheit meint, beschränkt sich nicht auf eine seelische Haltung, die den tatsächlichen Besitzverhältnissen gegenüber distanziert bleibt (das haben auch heidnische Philosophen als wahre Weisheit gepriesen!). Vielmehr will die von Jesus geforderte und geschenkte Freiheit von der Mammonsknechtschaft den Gläubigen befähigen, sich ständig neu den jeweiligen Situationen entsprechend einzustellen. Sie gibt also kein fertiges Rezept an die Hand, als ob mit dem radikalen Verzicht auf persönliches Eigentum das ganze Problem für immer gelöst wäre. Auch und gerade der Christ, der sich für ein Leben in freiwilliger Armut entschieden hat, wird tagtäglich neu vor die Frage gestellt, wie er mit den Gütern der Welt umgehen soll.

Es könnte sogar sein, daß er aus Verdrängung oder ängstlicher Gesetzeserfüllung die notwendige Freiheit des Evangeliums verliert und ein Sklave seiner selbstgewählten Armut wird. Das „Mehr", das Jesus von seinen Nachfolgern verlangt, liegt also stets in der Haltung des Glaubens, nicht in irgendeiner konkreten Realisierung. Der totale Verzicht auf Besitz kann unter Umständen für den einzelnen oder eine Gruppe geboten sein, aber er ist nicht das in sich Vollkommenere. In dieser Hinsicht hat die traditionelle christliche Verkün-

digung oft Mittel und Zweck verwechselt, als sei die Armut als solche sinnvoll und ein erstrebenswertes Gut.
Da hatten die Christen der apostolischen Zeit noch ein klareres Urteil. Für sie war die frei gewählte Armut stets zweckgebunden und mit bestimmten Funktionen verknüpft. Wir begegnen deshalb der Forderung nach Eigentumsverzicht in folgenden Zusammenhängen: wo es um die apostolische Lebensweise der Missionare geht, wo der Verzicht dem sozialen Ausgleich innerhalb der Gemeinde dient, wo die Glaubwürdigkeit des Evangeliums in Frage steht. In allen diesen Fällen gilt das Prinzip der Angemessenheit der Mittel, d.h. Art und Umfang des Verzichts richten sich nach dem Ziel, das erreicht werden soll.
Für den heutigen Christen, der das Evangelium ernst nehmen will, stellen sich vor allem zwei Probleme: Wie kann er mit seinen Mitteln zur Überwindung der Armut, zum sozialen Ausgleich beitragen, und wie kann er der Kirche helfen, daß sie das Image einer reichen Kirche, einer Kirche für die Reichen verliert und wieder fähig wird, den Armen die Frohe Botschaft von einem auch für sie erreichbaren menschenwürdigen Leben zu verkündigen? Auf beide Fragen muß jeder von uns seine eigene, persönliche Antwort geben.

Wie ein Kind werden

Die verschiedenen Worte der Evangelien vom „Kindwerden" oder Sich-wie-ein-Kind-Verhalten sind wie viele andere Jesussprüche nicht dem Schicksal entgangen, verharmlost, mißbraucht oder lächerlich gemacht zu werden. Noch immer geistert durch unsere Erbauungsliteratur, durch Predigten und kirchliche Lehrschreiben das Bild des unschuldigen, demütigen, schlicht-gläubigen Kindes, das Jesus seinen Jüngern angeblich als nachahmenswertes Vorbild empfohlen habe.

Nun sind Kinder leider (oder Gott sei Dank!) nicht immer folgsam, bescheiden, anhänglich und voll blinden Vertrauens; Kinder können sehr ungezogen, taktlos, eigensinnig, selbstsüchtig, widerspenstig, ja, boshaft sein. Vor allem machen sie Lärm und Schmutz, wie es ihnen gefällt, sie stellen lästige Fragen und haben ständig neue Wünsche. Mit welchem Recht will man also die Worte der Evangelien auf ein wirklichkeitsfremdes, idealisiertes Bild vom „braven" Kinde festlegen? Offensichtlich hat Jesus etwas anderes gemeint – aber was?

Die neuzeitliche Exegese lehrt uns, auf die unterschiedlichen Formulierungen und Situationsangaben in den einzelnen Evangelien zu achten. Ein genauer Vergleich zeigt, daß die ursprüngliche Fassung des Wortes wohl bei Mk 10,15 erhalten ist: „Amen, ich sage euch: Wer immer die Königsherrschaft Gottes nicht aufnimmt wie ein Kind, wird nicht hineinkommen in sie." Der Form nach handelt es sich um eine „Einlaßbedingung", wie solche uns in den Evangelien öfters begegnen. Wahrscheinlich wurde das Wort zunächst isoliert, d.h. ohne einen biographischen Rahmen, überliefert; denn Matthäus hat es in eine Ermahnung an die Amtsträger eingefügt und ihm die Form gegeben: „Amen, ich sage euch, wenn ihr euch nicht wendet und wie die Kinder werdet, werdet ihr nie in die Königsherrschaft der Himmel hineinkommen! Jeder nun, der sich selbst so klein macht wie dieses Kind da, der ist der Größte in der Königsherrschaft der Himmel" (Mt 18,3–4).

Hier ist die Pointe durch den kommentierenden Zusatz des Evangelisten (V. 4) deutlich verändert. Es geht – und das ist sehr bemerkenswert – um die Grundbedingung für eine kirchliche „Karriere“: sich klein machen wie ein Kind, das in der gesellschaftlichen Rangordnung den geringsten Platz einnimmt. Auch die Bemerkung des johanneischen Jesus im Nikodemusgespräch: „Wenn jemand nicht geboren wird aus Wasser und Geist, hat er nicht die Kraft, in die Königsherrschaft Gottes hineinzukommen“ (Jo 3,5) geht allem Anschein nach auf das von den drei ältesten Evangelisten überlieferte Herrenwort vom „Kind“ zurück. Die Wiedergeburt, das radikal und seinshaft verstandene „Kindwerden“, ist ein Geschehen von Gott her, das sich in der Taufe vollzieht. Man sieht also, daß die Auslesungsgeschichte des Wortes bereits im Neuen Testament beginnt.

Können wir noch feststellen, bei welcher Gelegenheit Jesus seine „Einlaßbedingung“ gesprochen hat? Die Situationsangaben der Evangelisten, auch die idyllisch anmutende Szene der Kindersegnung (Mk 10,13–16), scheinen insgesamt literarische Bildungen zu sein, die den historischen Anlaß nur mehr indirekt widerspiegeln. Die Exegeten vermuten, daß Jesus das Wort in der Auseinandersetzung mit den Pharisäern gesprochen hat. Möglicherweise waren es ursprünglich nicht die „Jünger“, sondern Pharisäer, die daran Anstoß nahmen, daß Jesus seine Zeit mit Kindern „vertat“, statt sich dem Thorastudium zu widmen oder Gott mit religiösen Übungen zu dienen. Wenn diese Vermutung stimmt, dann hat sich Jesus mit seinem Wort gegen die pharisäische Auffassung gewandt, nur der zur Gesetzeserfüllung fähige Erwachsene habe bevorzugten Zugang zu Gott und seinem Reich. Nicht, wer Leistungen vorzuweisen hat, nicht, wer über tiefes theologisches Wissen verfügt, wird in die Gottesherrschaft eingehen – will Jesus sagen –, sondern wer wie ein Kind mit leeren Händen dasteht und sich von Gottes Güte beschenken läßt. Das Kind nimmt im Denken und Handeln Jesu den gleichen Platz ein wie alle Hilfsbedürftigen, Geringen, sozial und moralisch Niedriggestellten, deren sich Gott in unbegreiflicher Liebe erbarmt.

Allerdings darf man das Wort nicht (wie manche andere in den Evangelien) als Aufforderung zur Passivität, zum Nichtstun und kindlicher Unbekümmertheit mißverstehen. Dann würde nur die eine menschliche Verhaltensweise an die Stelle der anderen treten, nicht aber der Glaube, in dem sich Gottes Handeln am Menschen darzustellen versucht. Dieser Glaube kann sich zunächst immer nur „kritisch" bemerkbar machen, d. h. als Protest gegen und als Gericht über unser „normales" Verhalten: daß wir uns als Erwachsene viel zu ernst nehmen, uns wichtig tun mit unseren Titeln, Ämtern, Aufgaben und Sorgen, daß wir selbst Freizeit, Spiel, Urlaub und Sport mit tierischer Verbissenheit betreiben, von Politik, Wirtschaft und Kultur ganz zu schweigen. Jesus aber nimmt ein Kind, macht es zum Maßstab aller Dinge und stellt es mitten in unsere mürrische, unbarmherzige Erwachsenenwelt hinein. Er solidarisiert sich mit ihnen, die noch keinen Interessenverband, keine Gewerkschaft oder Partei bilden können, denen als Ungeborenen eine „humane" und liberale Gesellschaft das Recht zum Leben bestreitet und die in allen Krisen und Katastrophen die Hauptleidtragenden sind.

Die Gottesherrschaft „wie ein Kind aufnehmen" bedeutet also ein Zweifaches: Einmal liegt der Ton auf der Art, wie Kinder etwas „aufnehmen" – ohne eine Gegenleistung erbringen zu können, erwartungsvoll und mit jenem Urvertrauen zum Leben, das leider meist nur allzubald enttäuscht wird. Der Glaube will dem Menschen diese kindliche Aufnahmefähigkeit und -bereitschaft wieder vermitteln, weil Gottes Herrschaft nicht anders verwirklicht werden kann, als durch Verzicht auf alles herrische Selbermachen und Sich-selbst-genug-sein-Wollen. Das Kind lebt vom Angewiesensein auf den Mitmenschen, und es empfindet diese seine existentielle Notlage weder als beschämend noch als unheilvoll: sie ist sogar sein ganzes Glück.

Das zweite Vergleichselement betont mehr den gesellschaftlichen Stellenwert des Kindes. Es besagt, daß nur wer sich selber zu den Geringen, Unfertigen, Hilfsbedürftigen zählt, auf die Verheißungen Gottes hoffen darf. Bei diesem Verständnis rückt die Gottesherrschaft in die Nähe alles dessen, was in der Welt ohnmächtig und schutzlos ist. Rein grammatikalisch könnte nämlich der Evangelienvers auch so übersetzt werden: „Wer die Gottesherrschaft nicht aufnimmt, wie man ein Kind aufnimmt . . ." Eine solche Gleichsetzung der von Jesus nahegebrachten Gottesherrschaft mit einem Kind wird übrigens durch ein anderes Herrenwort ausdrücklich vollzogen. Im Anschluß an den „Rangstreit der Jünger" heißt es: „Wer immer eines von solchen Kindern aufnimmt um meines Namens willen, der nimmt mich auf; und wer immer mich aufnimmt, der nimmt nicht mich auf, sondern den, der mich gesandt hat" (Mk 9,37).

In der Aufnahme eines schutzbedürftigen Kindes kommt also Gott zum Menschen, und es macht wenig aus, daß dieses Wort ursprünglich wohl auf die gläubige Aufnahme der „Kleinen", d.h. der christlichen Missionare, gemünzt war (vgl. Jo 13,20). Die Evangelisten haben es jedenfalls als Aufnahme wirklicher Kinder verstanden und damit jene „Theologie der Mitmenschlichkeit" begründet, die heutzutage manchen Christen soviel Unbehagen bereitet.

Ein bekannter Theologe hat sich vor einigen Jahren bitter beklagt, daß die „Mysterien Gottes" in öde „Nursery Rhymes" (Kinderlieder) transponiert und die Inhalte des Glaubens zu einem „seichten humanistischen Geplätscher" verwässert würden. Nun, ich meine, Jesus hat diese Sorge noch nicht gekannt. Während die Schriftgelehrten seiner Zeit ihren tiefsinnigen Spekulationen über die „Mysterien Gottes" nachgingen und seine eigenen Jünger sich um Fragen der hierarchischen Rangordnung stritten, hat er ostentativ mit Kindern gespielt. Offenbar fand er auf Erden nichts Größeres und Wichtigeres als ein Kind – vor Gott und vor den Menschen.

Hoffnung haben

Wer erinnert sich noch an die Übung der drei göttlichen Tugenden, die man früher spätestens im Kommunionunterricht auswendig lernen mußte? Zur „Hoffnung" lautete die Formel: „O mein Gott und Herr! Ich hoffe von dir die Verzeihung meiner Sünden, deine Gnade und endlich die ewige Seligkeit, weil du, o gütiger und getreuer Gott, dieses alles versprochen hast. Stärke, o Gott, meine Hoffnung!" Ich weiß nicht genau, von wem und aus welcher Zeit diese Formel stammt, aber vermutlich wurde sie erst im vergangenen Jahrhundert geprägt, in einer Epoche des religiösen Individualismus, Psychologismus und Supranaturalismus.

Die Hoffnung erscheint als eine Angelegenheit, die nur Gott und den einzelnen angeht. Verzeihung „meiner" Sünden, „deine" Gnade und die mir versprochene „ewige Seligkeit", das sind die Güter, die „ich" erhoffe. Mit keinem Wort wird angedeutet, daß der Christ auch und gerade für andere Menschen etwas erhoffen sollte oder daß sich die persönlichen Erwartungen nur erfüllen können, wenn wir gemeinsam füreinander eintreten. Der Psychologismus verrät sich in der Illusion, man könne die Tugend der Hoffnung erwerben, indem man eine bestimmte Gebetsformel möglichst oft und regelmäßig wiederholt. Von der Notwendigkeit, etwas zu tun, um Hoffnung für sich und andere zu ermöglichen, ist keine Rede. Schließlich wird der fatale Eindruck erweckt, als dürfe der Gläubige nur auf übernatürliche Güter der Seele wie göttliche Verzeihung der Sünden, Gnade und ewiges Leben hoffen. Ist es weniger fromm, von Gott das tägliche Brot, die Gesundheit, berufliches Fortkommen, Gerechtigkeit, Frieden und ein wenig Glück auf Erden zu erbeten?

Merkwürdigerweise begegnet uns die Wortgruppe „Hoffnung", „hoffen" – von wenigen bedeutungslosen Ausnahmen abgesehen – nur in den paulinischen und nachpaulinischen Schriften des Neuen Testaments. Jesus hat, soweit wir das aufgrund der Überlieferung beurteilen können, niemals das Wort „Hoffnung" im Munde geführt. Es lohnt sich, über diesen unterschiedlichen Sprachgebrauch nachzudenken.

Versuchen wir uns zunächst klarzumachen, in welcher Situation sich die nachösterlichen Gemeinden befanden. Ihr Herr und Heiland war am Kreuz gestorben; gewiß, man glaubte an seine Auferstehung und Erhöhung zum Vater, aber am Zustand der Welt hatte sich nichts geändert. So richtete sich die ganze Hoffnung auf seine in nächster Zukunft erwartete Wiederkunft: Dann werde sich alles zum Guten wenden, dann würden Frieden, Gerechtigkeit und Liebe herrschen, dann würden die Mächte des Unheils, Sünde, Leid und Tod, für immer überwunden sein. Bis dahin galt es, die Hoffnung wachzuhalten, in Geduld und Starkmut das letzte Aufbäumen Satans und seiner Dämonen zu überstehen. Unter dieser Voraussetzung kann Paulus das „Hoffnung haben" als unterscheidendes Merkmal christlicher Existenz bezeichnen (1 Thess 4,13), und der Zusammenhang läßt keinen Zweifel, daß es ihm um die Wiederkunft Christi und die damit verbundene Auferstehung der Toten geht. Die Christen brauchen um ihre Verstorbenen nicht zu trauern wie die übrigen Menschen, für die der Tod das absolute Ende bedeutet. Sie können mit freudiger Zuversicht auf den „Tag des Herrn" (1 Thess 5,2) warten, der ihnen die ewige Gemeinschaft mit Jesus und ihren entschlafenen Angehörigen bringen wird.
Während bei Paulus und anderen neutestamentlichen Schriftstellern die endzeitliche Hoffnung noch ganz an die Person des wiederkommenden Herrn geknüpft war, traten im späteren christlichen Bewußtsein die beiden Faktoren immer mehr auseinander. Etwas vereinfacht ausgedrückt: Man glaubte an Christus als den ewigen Gottessohn und hoffte auf die durch ihn vermittelte himmlische Seligkeit. Es gab also jetzt mindestens zwei Unterscheidungsmerkmale, das rechtgläubige Bekenntnis zu Christus und die Hoffnung auf ein Fortleben im Jenseits. In neuerer Zeit hat sich schließlich die Jenseitshoffnung so sehr verselbständigt, daß sie vielfach zum eigentlichen Kriterium der Gläubigkeit geworden ist. Wer nicht an Unsterblichkeit der Seele, Auferstehung der Toten und ein ewiges Leben glaubt, gilt als Ungläubiger schlechthin, als einer, der auch die Existenz Gottes, die Gottheit Christi und die Heilsnotwendigkeit der Kirche leugnet. Wir können uns keine Reli-

gion, keinen Gottesglauben mehr vorstellen, der nicht die Hoffnung auf ein ewiges, seliges Leben im Jenseits einschließt.
Es sollte uns freilich zu denken geben, daß die großen Frauen und Männer des Alten Bundes ihrem Gott die Treue gehalten haben, obwohl sie noch nichts von einem Lohn im Himmel wußten. Sie hatten nichts anderes im Sinn, als den ihnen von Gott gegebenen Auftrag in Zeit und Raum zu erfüllen, zugleich aber beseelte sie ein aufrichtiges Verlangen nach vollkommener und bleibender Gottesgemeinschaft. Das Alte Testament ist somit „der stärkste Gegenbeweis gegen die Behauptung, als entspringe der Glaube der Phantasie über ein Leben nach dem Tode; denn 1000 Jahre hat das alttestamentliche Glaubensleben geherrscht, ohne für den Menschen ein Jenseits in Anspruch zu nehmen. Diese Hoffnung war, wo sie aufsprang, nicht die Wurzel des Glaubens, sondern seine letzte Frucht" (O. Procksch, Theologie des Alten Testaments, S. 700).
Hat aber Jesus nicht alle Ungewißheit, die im Alten Testament noch bezüglich des Schicksals der Toten herrschte, beseitigt? Ist nicht durch seine Auferstehung das Dunkel, das über dem Schattenbereich lag, gelichtet worden? Gewiß, dafür können wir nicht dankbar genug sein, und doch kommt es gerade in diesem Punkt sehr auf die Akzente seiner Verkündigung an. Wir bemerkten schon, daß Jesus kein einziges Mal von „Hoffnung" spricht. Er hat also nicht gesagt: Ihr Menschen, glaubt mir, es gibt einen Himmel, und wenn ihr brav seid, dürft ihr hoffen, dort einmal hineinzukommen. Seine Botschaft lautete vielmehr: „Die Herrschaft Gottes ist nahe herbeigekommen. Kehrt um und glaubt an das Evangelium!" (Mk 1,15).
Im ersten Fall hätte uns Jesus nur über das Jenseits belehrt und die Ordnung der hiesigen Verhältnisse dem Gesetz überlassen. Dann wäre den Menschen wohl die Hoffnung auf ein Leben nach dem Tode geschenkt, für das irdische Dasein aber gäbe es keine Aussicht auf Besserung: Denn vom Gesetz allein ist kein Heil zu erwarten. Dagegen beinhaltet die Botschaft vom nahegekommenen Gottesreich eine Hoffnung, die bereits hier auf Erden ihre Früchte trägt: „Blinde werden sehen und Lahme gehen, Aussätzige werden rein und Taube hören.

Tote werden auferweckt, und Armen wird die Frohe Botschaft gebracht" (Mt 11,3–6). Was hier mit den Worten der alttestamentlich-messianischen Verheißung (vgl. Jes 35,5–6; 61,1) vom Wirken Jesu gesagt wird, müßte in ähnlicher, den Zeitverhältnissen angepaßter Form auch vom Wirken des Christen und der Kirche gelten: Hungernde werden gesättigt, Kranke geheilt, Streitende versöhnt, Unwissende belehrt, Trauernde getröstet, Gefangene freigelassen, und überhaupt wird jeglicher Not in echter Solidarität begegnet.
Mit diesen leiblichen und geistlichen Werken der Barmherzigkeit – die heutzutage nicht mehr allein in den traditionellen Formen privater Almosentätigkeit, sondern in gemeinsamen, weltweiten Planungen und Aktionen zu realisieren sind – läßt sich die göttliche Tugend der Hoffnung wahrhaft „einüben". Gegenüber der früheren Methode hat die von Jesus initiierte zudem mehrere Vorzüge: Nicht nur „ich", sondern vor allem mein Mitmensch darf wieder Hoffnung schöpfen, wenn er die Kraft der Gottesherrschaft leibhaft an sich erfährt. Hoffnung erscheint nun nicht mehr bloß als innere Gesinnung, die von Gott eingegossen und durch Gebete bestärkt wird. So notwendig die Gebetsgemeinschaft mit Jesus und der Kirche ist, so unfruchtbar wäre die Beschränkung auf ein reines Lippenbekenntnis zur Zukunft Gottes und der Menschen. Das Kapital an Vertrauen und Zuversicht, das durch Jesus in die Welt hineingekommen ist, darf nicht im „Schweißtuch" (Lk 19,20) einer ichbezogenen Frömmigkeit versauern. Die „Knechte des Herrn" sind aufgefordert, „Handel zu treiben" (Lk 19,13), zu „arbeiten", das „Geld anzulegen" (Mt 25,16.27), damit das „Haben" der Hoffnung reichen Gewinn bringt.

Wer lebt, darf hoffen

Jesus Christus – Kurzformel der Hoffnung

Man ist heute allenthalben auf der Suche nach Kurzformeln. Was zunächst in der Mathematik und den Naturwissenschaften mit Erfolg praktiziert wurde – höchst komplizierte Vorgänge möglichst einfach und überschaubar auszudrücken –, das findet zunehmend auch in anderen Lebensbereichen seine Nachahmung. So sucht z. B. die Industrie nach einprägsamen und treffenden Kurzformeln für ihre Produkte, wobei es oft auf der Hand liegt, wie irreführend und pseudowissenschaftlich ein solches Verfahren sein kann. Zu gefährlichen Vereinfachungen und tendenziösen Entstellungen verführt leider auch das Bestreben, die ungeheuer verschlungenen gesellschaftlichen, wirtschaftlichen und politischen Prozesse auf knappe Formeln zu bringen. Gewöhnlich kommen dabei nur Schlagworte, einseitig gefärbte Parolen und in modischen Jargon gekleidete Allgemeinplätze heraus, während doch klare und praktikable Orientierungshilfen nötig wären.
In jüngster Zeit befassen sich auch Theologen mit der Aufgabe, den christlichen Glauben und die mit ihm verbundene Hoffnung durch Kurzformeln verständlicher und vor allem „verkündbarer“ zu machen. Niemand möchte sich mehr durch langatmige Abhandlungen durchquälen, um am Ende so klug zu sein wie zuvor.
Wenn nun irgendwo präzise und in Aktionen umsetzbare Auskünfte erwartet werden, dann sicher im Bereich der Religion. So war es jedenfalls zu Beginn des Christentums. Hier hat es sehr bald Kurzformeln gegeben, in denen die Gläubigen den wesentlichen Inhalt ihres Bekenntnisses zusammengefaßt haben. Im Laufe der Zeit sind die ursprünglich recht einfachen Bekenntnisformeln dann wiederholt erweitert und durch eine Vielzahl von theologischen Lehrmeinungen oft mehr belastet als bereichert worden, so daß die jetzigen Bemühungen um Kurzformeln eher einer kritischen Bestandsaufnahme, einer höchst notwendig gewordenen Inventur mit Räumung unbrauchbar gewordener Lagerbestände gleichen.
Allerdings sollte man nicht vergessen, daß Kürze und Einprägsamkeit einer Formel, sofern sie ihren Gegenstand wirk-

lich ganz erfaßt, im umgekehrten Verhältnis zur inneren Vielschichtigkeit stehen. Am deutlichsten zeigt sich dies an mathematischen und naturwissenschaftlichen Formeln, die dem Laien um so weniger besagen, je knapper und verschlüsselter sie sind. Gilt Ähnliches auch im Bereich des Glaubens und der Hoffnung?

In manchen Schriften des Urchristentums werden Grund, Wesen und Gegenstand christlichen Hoffens einfach durch den Namen „Jesus Christus" bestimmt. So nennt die Grußzuschrift des ersten Timotheusbriefes „Christus Jesus – unsere Hoffnung" (1 Tim 1,1), und den gleichen, fast titularen Gebrauch bezeugen die ungefähr zur selben Zeit geschriebenen Briefe des Märtyrerbischofs Ignatius von Antiochien an die Gemeinden von Ephesus und Philadelphia (Eph 21,2; Philad 11,2: „Jesus Christus, unsere gemeinsame Hoffnung"). Wenn also damals die Christen gefragt wurden, was ihre Hoffnung sei, antworteten sie: „Jesus Christus!", und die schriftgelehrten Theologen unter ihnen fügten noch einen Beweis aus dem Alten Testament hinzu; dort, beim Propheten Jesaja, heiße es: „Und auf seinen Namen werden die Heidenvölker hoffen" (Mt 12,21 als abgewandeltes Zitat von Jes 42,4).

Ein Name als Inbegriff der Hoffnung, das ist keine Seltenheit. Zu allen Zeiten haben die Menschen ihre Zukunftserwartungen mit Vorliebe an einen bestimmten Namen, an eine konkrete Person geknüpft. Sachliche Zielvorstellungen mögen noch so verlockend, noch so gut durchdacht und realisierbar sein, sie bleiben meist Theorie, ein Stück Papier, solange sich nicht ein charismatisch begabter Mensch „der Sache annimmt" und ihr dadurch personale Züge verleiht. Dann wird aus toten Buchstaben oder bloßen Versprechungen eine lebendige, mitreißende Gestalt und aus einem sonst alltäglichen Namen ein Programm, das die Menschen hoffen läßt.

Bis in unsere Tage bietet die Geschichte eine Fülle von Beispielen, die uns zeigen, wie leicht ein Name die Massen in Bewegung setzt. Wir wissen aber auch aus Erfahrung, wie schnell solche Bewegungen in kritiklosen Personenkult, autoritäre Führergläubigkeit und fanatische Verfolgung Anders-

denkender umschlagen können. Anscheinend genügt schon der Name einer starken, faszinierenden Persönlichkeit, um Hoffnungen zu wecken, aber ihre Realisierung steht auf einem anderen Blatt. Soll die anfängliche Begeisterung nicht in bitterer Enttäuschung enden, müssen es sich auch große Namen gefallen lassen, daß ihre Ansprüche kritisch hinterfragt und ihre Zielsetzungen immer wieder an der Realität gemessen werden. Dürfen wir Jesus von dieser Regel ausnehmen?
Es besteht kein Zweifel, daß auch der Name Jesus zum bloßen Schlagwort, zur engstirnigen Parteiparole oder zu einer unverständlichen, sakral-mystischen Geheimformel absinken kann. Die Nennung seines Namens allein reicht im allgemeinen nicht aus, um konkrete Vorstellungen von „unserer gemeinsamen Hoffnung" (Ignatius von Antiochien) wachzurufen. Wenn man, wie das heute gern geschieht, eine Meinungsumfrage veranstalten würde, erhielte man auf die Frage: „Welche Hoffnungen verknüpfen Sie mit dem Namen Jesus?" wohl am häufigsten die Antwort: „Überhaupt keine", oder sofern es sich um gläubige Christen handelt: „Die Hoffnung auf ein ewiges Leben".
In der Tat haben schon die Gläubigen der nachapostolischen Zeit ihre Erwartungen vorzugsweise jenseitig definiert und in Christus „die Hoffnung auf die (himmlische) Herrlichkeit" (Kol 1,27) verbürgt gesehen. Jesus galt ihnen als „Vorläufer", der das „hinter dem Vorhang" liegende himmlische Heiligtum als erster betreten hatte, um dort unsere Hoffnung „als einen Anker der Seele" festzumachen (Hebr 6,19–20).
Heute sehen wir aber deutlicher, daß die fast ausschließliche Orientierung der Hoffnung auf ein jenseitiges Himmelreich, auf ein überwiegend individualistisch verstandenes Seelenparadies zumindest sehr einseitig war. In Umkehrung eines paulinischen Satzes könnte man sogar sagen: „Wenn wir unsere Christus-Hoffnung allein auf das jenseitige Leben abgestellt haben, sind wir beklagenswerter als alle Menschen" (vgl. 1 Kor 15,19).
Eine ausgewogene Interpretation der christlichen Hoffnung muß die neutestamentliche Kurzformel „Jesus Christus" sehr genau nehmen. Mit Jesus ist nicht nur der Auferstandene, der

zum Himmel Erhöhte gemeint, sondern immer auch der irdische Rabbi und Heilsbringer – weil beide Aspekte überhaupt nicht getrennt werden können. Deshalb wäre der Raum unserer Hoffnung von vornherein verengt, wenn wir von Jesus nicht viel anderes zu sagen wüßten, als daß er uns durch Tod und Auferstehung den Weg zum Himmel eröffnet habe.

„Kennen wir Jesus?" hat vor einigen Jahren ein sehr angesehener Neutestamentler in einem Aufsatz gefragt, und es ist tatsächlich beschämend, wie wenig unter gebildeten Christen und selbst unter Theologen der konkrete Mensch Jesus bekannt ist. Hier verhindern immer noch fromme, aber sterile Klischees, daß die von Jesus geweckten und seiner Kirche anvertrauten Menschheitshoffnungen bewußt, geschweige denn realisiert werden. Auf diese Notwendigkeit weist jedoch das zweite Element der Kurzformel Jesus Christus, nämlich der Christus-Titel, ausdrücklich hin.

Die ersten judenchristlichen Gemeinden haben ihren Glauben an Jesus in die Formel gekleidet: „Du bist der Messias!" (Mk 8,29). Jeder Jude, der mit der Geschichte und den heiligen Schriften seines Volkes einigermaßen vertraut war, wußte, was dieses Bekenntnis bedeutete. Jesus von Nazareth sollte der seit langer Zeit erwartete König aus dem Hause Davids sein, der „Gesalbte" Gottes, dessen Herrschaft endlich wieder Freiheit, Frieden, Gerechtigkeit und Wohlstand bringen würde.

Nun hatte Jesus während seines irdischen Lebens kaum etwas von königlicher Macht und Herrlichkeit zu erkennen gegeben, er war vielmehr eines schmachvollen Todes gestorben, und die Inschrift, die der römische Prokurator über dem Kreuz hatte anbringen lassen, mußte wie ein Hohn auf alle messianischen Erwartungen wirken: „Jesus von Nazareth, der König der Juden" (Jo 19,19). Den Jüngern freilich war nach anfänglicher Bestürzung und Ratlosigkeit die österliche Erkenntnis aufgegangen, daß Jesus nur auf dem Wege des Leidens zu seiner messianischen Königswürde gelangen konnte (Lk 24,26), daß der, der schon zur Rechten Gottes erhöht worden war, gewiß wiederkommen werde, um sein ewiges Friedensreich aufzurichten und alle Verheißungen einzulösen.

Die meisten Heiden oder Heidenchristen verbanden mit dem Messiastitel keine genaueren Vorstellungen. So kam es, daß „Christus", die griechische Übersetzung für „Messias", als Eigenname Jesu aufgefaßt wurde, wie ja auch heute noch viele Menschen unterschiedslos von „Jesus" oder „Christus" reden. Dafür sind andere, den Heidenchristen verständlichere Hoheitstitel üblich geworden, mit denen der Gläubige die Heilsbedeutung Jesu bekennt: Herr, Heiland, Erlöser, Gottessohn.

Trotzdem hat die Kirche niemals ganz darauf verzichtet, Jesus als den Christus, den Messias Israels zu verkündigen, und es fragt sich, was sie damit beabsichtigte. War es nur die Pietät gegenüber dem judenchristlichen Erbe, die Macht alter Gewohnheit, jene Traditionsgebundenheit, die der Kirche von Anfang an anhaftete und oft genug eine schwere Belastung darstellte? Oder wollte die Kirche mit ihrem Bekenntnis zur Messianität Jesu an dem Glauben festhalten, daß ihr die Hoffnungen Israels anvertraut seien, Hoffnungen, die schon seit Abrahams Zeiten für die gesamte Menschheit bestimmt waren (Gen 13,2)?

Der Messiastitel gehört in der Tat zum unveräußerlichen Erbe, das die Kirche vom Alten Testament übernommen hat und das ihr ganz bestimmte Ziele vorzeichnet. Es wäre deshalb töricht, zu meinen, das Bekenntnis zur Messianität Jesu habe sich „erledigt", nachdem die Kirche zur Erkenntnis der Gottessohnschaft gelangt sei. Schon im Alten Testament – wie überhaupt in vielen Ländern des alten Orients – wurde der König als „Sohn Gottes" tituliert (vgl. Ps 2), und diesem Sprachgebrauch hat sich das Neue Testament an wichtigen Stellen angeschlossen: „Du bist mein geliebter Sohn . . ." (Mk 1,11; 9,7). Aber auch da, wo heidenchristliche Gemeinden mit dem Titel „Gottessohn" eine Aussage über das göttliche Wesen Jesu machen wollten, konnten sie die Frage nach seinen Funktionen und Zielen nicht beantworten, ohne auf die messianischen Verheißungen hinzuweisen.

Nun ist der Satz, Jesus habe die Verheißungen des Alten Testaments erfüllt, oft so verstanden worden, als hätten sich in den Umständen seines Lebens und Sterbens einzelne Weissagungen der Propheten buchstäblich „erfüllt". Das ist jedoch nur die eine und nach heutigen exegetischen Erkenntnissen sehr fragwürdige Seite des Problems. Als entscheidender und historisch begründeter müssen wir die Tatsache ansehen, daß Jesus die in den Messias gesetzten Hoffnungen seines Volkes realisieren wollte – allerdings auf eine neue, überraschende und für viele seiner Zeitgenossen ärgerliche Weise.

Alle Juden waren sich darin einig, daß nur Gott die messianischen Zeiten heraufführen werde. Wie man aber Gott veranlassen könne, seinen Gesalbten bald zu senden, darüber gingen die Meinungen weit auseinander. Die Radikalen glaubten, Gott werde seinem Volk schon siegreich zu Hilfe kommen, wenn es selbst zu den Waffen greife und die verhaßten Heiden aus dem Land treibe. Den Pharisäern dagegen schienen Beobachtung des Gesetzes, Gebet und gute Werke die besten Mittel zu sein, um das Kommen des Messias zu beschleunigen. Ähnlich dachten viele Fromme, die sich in die Wüste zurückgezogen hatten und dort ein gemeinsames Leben der Buße, des Schriftstudiums und ritueller Reinheitsübungen führten. Mit dieser Gruppe, den Essenern, geistig verwandt war der uns aus den Evangelien bekannte Wüstenprediger Johannes. Er rief das Volk zur Umkehr und zur Taufe im Jordan auf, damit es im nahe bevorstehenden Zorngericht nicht verworfen werde. Freilich gab es auch Juden, die am Kommen des Messias weniger interessiert waren. Die Sadduzäer, die Herren des Tempels, der Priester- und Laienadel, Großgrundbesitzer und reiche Geschäftsleute sorgten sich mehr um die Erhaltung des für sie günstigen Status quo als um eine endzeitliche Erneuerung aller Dinge.

Jesus teilte die Auffassung, daß Gott allein die Herrschaft seines Gesalbten aufrichten werde, aber – und dies war für viele das erste Ärgernis – er sah Gott bereits am Werk: in seiner eigenen Lehr- und Heilandstätigkeit! Fast noch mehr als der persönliche Anspruch, zum Erweis der angebrochenen Gottesherrschaft Kranke zu heilen, Dämonen auszutreiben, Sünden vergeben und das Gesetz verbindlich neu auslegen zu können, mußte seine Methode, die erhofften Heilsgüter zu realisieren, Anstoß erregen. Er kam nicht, um die Sünder zu bestrafen und die Gerechten zu belohnen, wie es jeder vernünftige Mensch erwartete, sondern er berief gerade die aus der Gemeinschaft des Gottesvolkes Ausgestoßenen zum messianischen Freudenmahl, die verlorenen Söhne und Töchter Israels, die Zöllner, Dirnen und das gesetzesunkundige Volk. Er kam nicht, um von oben herab zu herrschen und sich bedienen zu lassen, sondern um zu dienen und mit seinem Leben für die Befreiung der von Sünde, Tod und Angst geknechteten Menschen zu zahlen. Er predigte nicht Haß und Gewalt, sondern Versöhnung und Feindesliebe als Weg zum Frieden. Statt ihre Sicherheit in Reichtum und Besitz zu suchen, sagte er, sollten seine Jünger auf Gott vertrauen und für den notleidenden Mitmenschen Sorge tragen.

Das alles und noch vieles andere, was Jesus gesagt und getan hat, ist uns bekannt, aber da steht nun die fordernde Frage, welche Folgerungen ziehen wir „Christen", wir von Gott „gesalbten" Priester und Könige (vgl. 1 Petr 2,9; Apk 1,6) nun aus diesem messianischen Selbstverständnis Jesu? Welche Hoffnungen haben wir der Welt anzubieten, und welche Methoden haben wir, sie zu realisieren?

Wenn Jesus der Christus, die Kurzformel, der Inbegriff unserer Hoffnung ist, dann brauchen und dürfen wir mit dem „neuen Himmel und der neuen Erde" (Apk 21,1) nicht bis zum Jüngsten Tag warten. Dann müßte die Kirche der Ort der Welt sein, an dem – vorbildlich für die gesamte Menschheit – Autorität so ausgeübt, Konflikte so gelöst, Meinungsverschiedenheiten so ausgetragen werden, wie es dem messianischen Modell Jesu entspricht. Erst allmählich und in einem oft schmerzhaften Lernprozeß hat sich in der Christenheit die Einsicht durchgesetzt, daß Gott seine Verheißungen nicht ohne und über den Menschen hinweg wahrmachen will. Die heile Welt, die uns zugesagt ist, kommt nicht plötzlich wie im Märchen. Sie kann nur das stets verbesserungsbedürftige Ergebnis immer neuer Bemühungen um mehr Gerechtigkeit, Frieden, Freiheit und Freude sein.

Ist es von den Christen zuviel verlangt, daß sie im Ringen um die Verwirklichung der messianischen Heilsgüter die Vorhut bilden? In einer Fernsehdiskussion äußerte jüngst ein angesehener Vertreter der Kirche die Meinung, gesellschaftliche Veränderungen könnten „selbstverständlich" nicht von der Kirche ausgehen, diese sollte sich aber später den bewährten Reformen anschließen; eine Auffassung, die weit verbreitet ist, und was das bisherige Selbstverständnis der institutionellen Kirche angeht, so trifft es gewiß zu, daß sich die Führung des Gottesvolkes in der „Nachhut" oft sicherer gefühlt und (wenn nötig) auch bewegt hat. Aber wie ist es mit den Christen, die an der Front stehen und tagtäglich mit den Problemen der Welt konfrontiert werden? Können und dürfen sie sich aus der Auseinandersetzung um gesellschaftliche Veränderungen heraushalten, oder müßten sie sich nicht durch Initiative, Unerschrockenheit und schöpferische Phantasie auszeichnen? Andere mögen bei unvermeidlichen Rückschlägen und Niederlagen den Mut verlieren, sie, die Jünger des Christus Jesus aber, leben aus einer Hoffnung, aus der sie immer neue Kraft schöpfen können und die selbst im Tode nicht zuschanden wird.

Ein Gott der Hoffnung

Vor einigen Jahren verkündigten amerikanische Theologen einer erstaunten Weltöffentlichkeit: Gott ist tot! Diese Feststellung war durchaus nicht so neu, wie sie manchen Zeitgenossen klingen mochte. Schon Jean Paul hatte in seinem Roman „Siebenkäs" (1796) den toten Christus vom Weltgebäude herab eine Rede über das Thema halten lassen, „daß kein Gott sei". Und Friedrich Nietzsche erzählte in seiner Schrift „Fröhliche Wissenschaft" (1882), wie der „tolle Mensch" am hellichten Vormittag mit der Laterne am Markt herumläuft und Gott sucht. Die Umstehenden lachen und fragen: „Ist er denn verlorengegangen?" oder „Hat er sich verlaufen wie ein Kind?" Da sprang der tolle Mensch mitten unter sie und rief: „Wohin ist Gott? Ich will es euch sagen! Wir haben ihn getötet – ihr und ich! Wir alle sind seine Mörder! . . . Gott ist tot! Gott bleibt tot!"

Viele fromme Christen werden die Rede vom Tod Gottes für blanken Unsinn halten und mit dem Bekenntnis beantworten: Gott kann nicht sterben! Er lebt! Trotzdem sollten auch sie bedenken, daß in jedem Irrtum ein Körnchen Wahrheit steckt, eine Herausforderung, die von vornherein auszuschlagen den eigenen Standpunkt nur schwächen würde. Was könnte also gemeint sein, wenn christliche Theologen und nicht nur sogenannte Atheisten Gott für tot erklären und sich von ihm nichts mehr erhoffen?

Die Menschen haben seit eh und je mit dem Wort „Gott" die verschiedenartigsten Vorstellungen verbunden. Für die Reichen und Mächtigen, die Gesunden und Glücklichen war Gott der Segenspender, der Geber alles Guten und zugleich der Hüter wohlerworbener Rechte. Die Armen und Notleidenden, die Trauernden und Unterdrückten mußten in ihm ein Wesen sehen, dessen unerforschlichen Ratschlüssen man sich zu fügen hatte, um vielleicht einmal in einem besseren Jenseits für alle Entbehrungen entschädigt zu werden. Als wir Kinder waren, wurde uns Gott vorzugsweise als übermächtige Autoritätsperson vor Augen gestellt, die alles sehen, hören und wahrnehmen konnte, selbst die geheimsten Gedanken, Worte und Werke. Und wie leicht war dieser unendlich gute Gott auch unendlich beleidigt! Man konnte von Glück reden, wenn es mal ein paar Tage ohne Sünde abgegangen war, dann aber war schon bald wieder die nächste Beichte fällig mit heißen Reuegebeten und der ängstlichen Sorge, ja nichts vergessen oder nicht deutlich genug gesagt zu haben.

Ein Zerrbild Gottes? Gewiß! Stellt aber nicht fast die gesamte Religionsgeschichte eine Galerie von solchen teils tragikomischen, teils schreckenerregenden, teils freundlich-harmlosen Karikaturen Gottes dar? Martin Buber hat einmal gesagt, das Wort „Gott" sei „das beladenste aller Menschenworte". Keines sei „so besudelt, so zerfetzt worden", und er denkt vor allem an die vielen Religionskriege, in denen sich die Menschen um ihres Gottes willen gegenseitig abgeschlachtet haben. Verstehen wir nun, warum moderne Theologen Gott für tot erklären? Sie meinen, diese Zerrbilder Gottes als eines vom Menschengeist erdachten Weltbaumeisters, Wettermachers, Schlachtenlenkers, Thronbegründers, Sittenwächters und Ordnungshüters hätten ausgedient und sollten endgültig begraben werden.

Leider haben jedoch viele Menschen solche unzureichenden oder falschen Gottesvorstellungen mit Gott selbst verwechselt, so daß sie durch die neuzeitliche Religionskritik zu Atheisten geworden sind. Die Kirchen sahen sich deshalb aus pastoralen Gründen oft genötigt, auch die Zerrbilder Gottes als echt zu verteidigen, sie haben jedoch zugleich die Gläubigen auf ein zutreffenderes Gottesverständnis vorbereitet, indem sie den Vater Jesu Christi als den allein wahren und lebendigen Gott verkündigten.

Worin unterscheidet sich nun aber der christliche Gott von all den menschlichen Versuchen, sich ein Bild Gottes zu machen? Schon die klassische Theologie des Mittelalters hat immer wieder betont, daß es leichter sei, von Gott zu sagen, was er nicht ist, als wie er wirklich aussieht. So können wir zunächst auch nur negativ feststellen, daß der Vater Jesu Christi anders denkt und handelt, als es gerade religiös eingestellte Menschen erwarten. Er zieht nicht mehr mit seinem auserwählten Volk in irgendeinen heiligen Krieg, um die Bösen, die Gottlosen, die Kommunisten und Terroristen auszurotten, er salbt keine Könige mehr zu Stellvertretern auf Erden, er läßt sich nicht herbei, den Büttel für staatliche Zwangsmaßnahmen zu spielen, er will nicht länger als Lückenbüßer einspringen, wo menschliche Kunst versagt und unsere Weisheit am Ende ist.

Was aber haben wir positiv von unserem Gott zu sagen? Ich meine, die beste Antwort wäre: Er ist ein Gott der Hoffnung, einer, der niemals enttäuscht, weil wir nichts von ihm erwarten dürfen. Das klingt paradox, entspricht aber nur der Tatsache, daß uns im Vater Jesu Christi wirklich Gott und nicht irgendein erdachter Götze begegnet. Deshalb lehren uns die Meister des geistlichen Lebens, im Gebet die völlige Stille zu suchen, alle Wünsche, auch die frömmsten, zum Schweigen zu bringen und uns ganz Gott anheimzugeben. Durch die Übernahme fernöstlicher Meditationsmethoden wird allmählich auch hierzulande breiteren Schichten vertraut, was früher nur von einer kleinen geistlichen Elite geübt wurde: der größtmögliche Verzicht auf Gedanken, Worte und Werke, das Freiwerden von allem Begehren und Verlangen, das entkrampfte Sichfallenlassen in die Hände dessen, der unsagbar, undenkbar, unfaßbar ist. So hilfreich die Praktiken von Joga, Zen oder dem autogenen Training sein mögen, für den Christen genügt oft ein Stichwort oder ein kurzes Stoßgebet, um sich in den Zustand der Entspannung zu versenken. Wenige Minuten vor dem Aufstehen oder in der Arbeitspause können solche Übungen Augenblicke wunderbarer Gelassenheit und Ruhe schenken. Oft sind sie wertvoller als die üblichen Gebete, die meist mehr zerstreuen als sammeln.

Gewiß bildet diese Art, Gott im Schweigen, in der Negation aller Ängste, Sorgen und Hoffnungen zu begegnen, nur eine Vorstufe, gleichsam die Entsprechung zur Theologie vom Tod Gottes. Der Gott, von dem wir die Erfüllung unserer Wünsche erwarten, der uns Furcht und Schrecken einjagt oder mit fragwürdigen Seligkeiten belohnt, muß sterben, damit Raum geschaffen wird für eine bessere, eine göttliche Hoffnung. Vielleicht haben wir noch nie daran gedacht, daß die Hoffnung als göttliche Tugend doch zuerst eine Verhaltensweise Gottes ist.

Von der Liebe ist bekannt, daß wir Gott nur wahrhaft lieben können, weil er uns zuvor geliebt hat (vgl. 1 Jo 4,10.19). Das gleiche gilt auch von der Hoffnung. Wie Gott uns liebt, so hofft er auf uns, wir sind seine – einzige – Hoffnung. Der Christ kann sich darum niemals beklagen, Gott habe ihn enttäuscht, sein Beten und Hoffen seien vergeblich gewesen, er muß vielmehr umgekehrt Tag um Tag bekennen, hinter den großen Erwartungen Gottes zurückgeblieben zu sein.
Macht die Einsicht in dieses sein Versagen den Christen nicht doch wieder ängstlich und unfrei? Dies wäre nur der Fall, wenn man die Hoffnung, die Gott auf uns setzt, als gesetzlichen Zwang mißverstehen würde. Dann könnte sich in der Tat wieder jene religiöse Leistungsneurose einschleichen, von der frühere Frömmigkeitsformen gekennzeichnet waren. Gottes Hoffnung aber entspringt einem liebenden Vertrauen, sie gibt gerade dann Mut und Zuversicht, wenn wir uns eingestehen müssen, versagt zu haben. Auf der anderen Seite kennt der Christ, der Gottes Vertrauen nach besten Kräften zu rechtfertigen sucht, auch kein Gefühl selbstgerechter Zufriedenheit. Was er für Gott tut, ist immer nur ein Anfang, ein kleiner Schritt auf einem Weg, der noch kaum begonnen hat.

Hoffen wider alle Hoffnung

Aus den Meinungsumfragen, die zur Vorbereitung der Gemeinsamen Synode in der Bundesrepublik durchgeführt wurden, gehen zwei Tatsachen mit besonderer Deutlichkeit hervor: einmal die wachsende Glaubensnot, die zunehmende Unsicherheit in zentralen Fragen des christlichen Bekenntnisses, und dann das starke Interesse, das sehr viele Katholiken dem Problem des Todes und der Ewigkeit entgegenbringen. So sahen nach einer jüngsten demoskopischen Untersuchung 82 Prozent aller Befragten einen der Hauptwerte der Kirche darin, daß sie die Menschen anleitet, „nicht nur für heute zu leben, sondern auch an die Ewigkeit zu denken". Kein Wunder, wenn dann „das Fortleben nach dem Tod" oder „ob nach dem Tod alles aus ist" zu den religiösen Gesprächsthemen gehört, die von einem hohen Prozentsatz aller Katholiken an erster Stelle genannt werden. Nimmt man die fast ebenso häufig beklagte Glaubensnot hinzu, geht man wohl nicht fehl in der Annahme, daß sich die Zweifel und Bedenken weitgehend (wenn auch nicht ausschließlich) auf dieses endzeitliche Thema beziehen. Selbst die regelmäßigen Kirchenbesucher scheinen sich nicht mehr so absolut sicher zu sein, ob und wie es nach dem Tod einmal weitergeht, und sie empfinden diese Unsicherheit als Bedrohung ihrer ganzen christlichen Existenz.

Es wäre gewiß zu kurzschlüssig, wollte man die Schuld an der eben geschilderten Bewußtseinslage allein der neueren Theologie und der von ihr beeinflußten religiösen Verkündigung zuschieben. Diese Theologen, so heißt es oft, mit ihrer rationalistischen Schriftauslegung, ihrem übertriebenen Bestreben, alles zu entmythologisieren, und der krankhaften Sucht, ja nicht als unmodern verschrien zu werden, machen uns alles kaputt, woran wir uns früher halten konnten: Zuerst haben sie das Fegefeuer, die armen Seelen und den Ablaß in Zweifel gezogen, dann haben sie die Hölle, das Jüngste Gericht und die Totenauferstehung für zeitbedingte mythische Vorstellungen erklärt, und jetzt wollen sie uns auch noch den Himmel rauben. Wo soll das hinführen, wenn kein Seelsorger mehr über

die letzten Dinge zu predigen wagt und seine eigene theologische Unsicherheit auf die Gläubigen überträgt?
Ja gewiß – das alles ist höchst unbefriedigend und beklagenswert; was aber kann man dagegen tun? Niemand wird doch im Ernst als Alternative vorschlagen, Theologen und Prediger sollten einfach zu den bewährten Denkmodellen und Sprachformen der Vergangenheit zurückkehren.
Die Ursachen für die Krise christlicher Jenseitshoffnungen liegen tiefer. Was heute im gläubigen Bewußtsein, in Theologie und Verkündigung Wellen schlägt, ist bereits vor Jahrhunderten und Jahrzehnten aufgerührt worden. Wir stehen am nicht mehr aufzuhaltenden Ende einer Entwicklung, die bereits im 16. Jahrhundert mit Galilei begonnen, von der Aufklärung fortgeführt und durch den technisch-wissenschaftlichen Fortschritt unserer Tage bis ins letzte Haus getragen wird. Bis in die jüngste Vergangenheit ist es der Kirche freilich noch gelungen, die Gläubigen vor den Schockwirkungen, die durch naturwissenschaftliche, philosophische, historische, religionsgeschichtliche und andere Erkenntnisse ausgelöst wurden, einigermaßen abzuschirmen.
Ein ganzes Heer von Apologeten, das heißt von bemühten Verteidigern des Glaubens, war unermüdlich tätig, um mit größtem Scharfsinn und erstaunlicher Gelehrsamkeit den Nachweis zu führen, daß die obengenannten Wissenschaften erstens von vornherein unrecht haben müßten, weil sie die unumstößlichen Tatsachen der übernatürlichen Offenbarung nicht in Rechnung stellten, und zweitens, daß ihre Ergebnisse, nachdem sie nicht mehr bezweifelt werden konnten, sich durchaus mit der biblischen oder kirchlichen Lehre vereinbaren ließen. Im Verlauf der Auseinandersetzungen haben diese Theologen ihre Positionen oft korrigiert oder stillschweigend geräumt, es hat in vielen Dingen einen Bewußtseinswandel gegeben, der den meisten von uns schon selbstverständlich geworden ist. Wer regt sich zum Beispiel noch darüber auf, daß der Himmel nicht oben, über den Wolken, ist, daß in der Hölle kein physikalisches Feuer brennt oder daß die Toten beim Jüngsten Gericht nicht leibhaftig „aus ihren Gräbern hervorgehen" können, um sich im „Tale Josaphat" (bei Jeru-

salem) zu versammeln? Fragen, die in älteren dogmatischen Lehrbüchern noch lebhaft diskutiert wurden. Solche und ähnliche Korrekturen, die sich allmählich ohne viel Aufhebens an den überlieferten Jenseitsvorstellungen vollzogen haben, mögen im einzelnen unbedeutend und kaum erwähnenswert sein. Zusammengenommen aber haben sie genau das bewirkt, was alle Gläubigen heute übereinstimmend beklagen: die quälende Verunsicherung in zentralen Glaubensfragen. Früher „wußte" man, was mit dem Menschen nach dem Tod geschieht. Der Leib kommt ins Grab, die „unsterbliche Seele" muß sich vor dem individuellen Gericht Gottes verantworten und wird dann je nach Verdienst entweder in den Himmel, das Fegefeuer oder die Hölle geschickt. Beim allgemeinen Weltgericht erhält schließlich jede Seele auch wieder ihren Leib zurück, die Gerechten zu ewiger Seligkeit, die Verdammten zu nie endender Qual.

Dieses sichere Wissen ist geschwunden. Kein Theologe vermag mehr zu sagen (es sei denn, er betrüge sich und die Gläubigen), was eigentlich die „unsterbliche Seele" ist, wie man sich ihr Fortleben nach dem Tode ohne Leib denken soll, was das allgemeine Gericht am Jüngsten Tag noch für eine Funktion hat, nachdem sich beim Tod jedes Menschen schon sein ewiges Schicksal entscheidet, ob es der Würde Gottes, des Vaters Jesu Christi, entspricht, aus Liebe geschaffene Geschöpfe sich in alle Ewigkeit quälen zu lassen, auch wenn sie eine gerechte Strafe verdient haben . . . Man könnte diesen Katalog von Ungewißheiten und Zweifeln noch lange fortsetzen.

Religions- und Dogmengeschichte haben uns belehrt, daß sich die Menschen zu verschiedenen Zeiten und in verschiedenen Kulturkreisen auch die unterschiedlichsten Vorstellungen über ein Fortleben nach dem Tod gemacht haben. Selbst in der Heiligen Schrift finden sich mehrere „Endzeitmodelle", die von jeweils anderen Voraussetzungen ausgehen und nicht auf einen Nenner zu bringen sind. Was sich innerhalb der kirchlichen Überlieferung nach und nach als herrschende Lehre herausgeschält hatte, war eine in vieler Hinsicht unausgeglichene Anhäufung von biblischen, jüdisch-apokalyptischen und spätgriechischen Anschauungen. Zahllose Menschen haben in den vergangenen Jahrhunderten den Glauben an diese Lehre von den letzten Dingen verloren; haben sie damit auch jeden Glauben und jede Hoffnung preisgegeben? Vielleicht hilft uns Christen in unserer eigenen Unsicherheit folgende Überlegung: Glaube und Hoffnung werden sich zwar immer an bestimmte Vorstellungen binden, aber sie gehen in ihnen nicht auf. Wenn die Bindung zu stark wird, gerät der Glaube in Gefahr, zu einem religiösen Pseudowissen zu werden, zu einer Welt- und Jenseitsanschauung, die dem Menschen gerade das abnimmt, was der Glaube von ihm fordert: aus dieser Welt „hinauszugehen, ohne zu wissen, wohin" (Hebr 11,8), angesichts des Todes „zu hoffen wider alle Hoffnung" (Röm 4,18). Ich meine deshalb, die Unsicherheit, die wir Christen heute gerade im Hinblick auf die letzten Dinge empfinden, könnte sehr heilsam und fruchtbringend sein – wenn sie im Glauben durchgestanden wird. Es schadet durchaus nichts, daß von unseren Kanzeln mit größerer Zurückhaltung und Bescheidenheit über die Fragen gepredigt wird, die mit dem Leben nach dem Tod zusammenhängen. Das gleiche gilt von Gesprächen, die wir Christen untereinander oder mit sogenannten Anders- und Ungläubigen führen. Niemand von uns ist ein Experte für Jenseitsfragen – wir alle aber dürfen das Kreuz, das einzige Zeichen der Hoffnung in dieser Todeswelt, über uns schlagen, ehe es uns erschlägt.

Hoffnung ohne Schwärmerei

In meiner Studienzeit hatte ich einen Bekannten, der sich in einer, wie es damals schien, beneidenswerten Lage befand. Er stammte aus ärmlichen Verhältnissen, besaß aber nach seinen eigenen Angaben einen sehr reichen Onkel, der ihn zum Alleinerben eingesetzt habe. Wenn er erst einmal die Millionen geerbt haben werde, brauche er nicht mehr zu arbeiten und könne das Leben in vollen Zügen genießen, versicherte er immer wieder.

Aufgrund dieser erfreulichen Aussichten nahm mein Bekannter das Studium auch nicht besonders ernst, bummelte viel herum und machte im Hinblick auf die zu erwartende Erbschaft große Schulden. Wenn er, was ziemlich oft vorkam, zuviel getrunken hatte, prahlte er mit seinem Onkel und wurde nicht müde, Wunderdinge über dessen sagenhafte Reichtümer zu erzählen.

Bald aber wollte niemand mehr so recht an seine Geschichte glauben, und es gab immer weniger Leute, die ihm etwas borgten. Was schließlich aus ihm geworden ist und ob er die Erbschaft angetreten hat, weiß ich nicht zu sagen. Es kam der Krieg, und wir haben uns aus den Augen verloren.

Wahrscheinlich hätte ich diesen meinen Bekannten schon längst vergessen, wenn mich nicht bestimmte Wendungen der neutestamentlichen Erbauungssprache immer wieder an ihn erinnern würden. Es heißt da an verschiedenen Stellen, daß Gott uns Christen zu „Erben" eingesetzt habe und daß wir uns der Anwartschaft auf dieses herrliche Erbe oder auch kurz dieser „Hoffnung" rühmen dürften. Der Hebräerbrief spricht sogar ausdrücklich vom „Ruhm der Hoffnung", den die Gläubigen festhalten müßten bis zum seligen Ende (Hebr 3,6; vgl. Röm 5,2).

In der Tat befinden wir Christen uns in einer ganz ähnlichen Situation wie mein Studienkollege. Auch wir kommen alle, wie die Schrift sagt, aus recht bescheidenen, ja trostlosen Verhältnissen. Da ist wenig, worauf wir stolz sein, womit wir uns brüsten könnten. „Von Natur aus" sind wir „Kinder des Zornes" (Eph 2,3), und unser Erbteil wäre, wenn es nach Recht

und Gesetz zuginge, „der Sold der Sünde", der Tod (Röm 6,22–23).
Nun hat Gott uns aber als Kinder angenommen und damit zu Erben seiner Herrlichkeit gemacht. Jetzt haben wir etwas, dessen wir uns rühmen dürfen. Einmal werden wir unvorstellbar reich sein und das Leben der zukünftigen Welt mit all seinen himmlischen Freuden auskosten. Warum also sollte man sich besonders mühen, die Umstände und Bedingungen des hiesigen Daseins zu ändern? Mögen sich andere, Ungläubige, mit Weltverbesserungsplänen abgeben, wir Christen haben eine „bessere Hoffnung"! (vgl. Hebr. 7,19)
Allzulange war dies die Einstellung vieler guter Christen. Sie haben mit ihrem zukünftigen himmlischen Erbe geprahlt und sich wenig um die – wie sie abschätzig sagten – irdischen Dinge gekümmert. Kein Wunder, wenn sich allmählich Zweifel einstellten, ob ihre Geschichte mit der endzeitlichen Erbschaft überhaupt zutreffe. Vielleicht bildeten sie sich das Ganze nur ein, um ihre geringe Herkunft und ihr Unvermögen zu kompensieren, vielleicht diente ihnen der Traum vom himmlischen Reich nur als Ersatzbefriedigung für ein frustriertes Leben.
Was können wir Christen tun, um die Glaubwürdigkeit unserer Zukunftsaussagen vor anderen, aber auch vor uns selbst, unter Beweis zu stellen, um den „Ruhm unserer Hoffnung" vor dem Verdacht leerer Prahlerei zu schützen? Bloße Beteuerungen werden sicher nicht weiterhelfen, sondern eher noch das Urteil derer bestätigen, die uns immer schon für Großsprecher und Hochstapler gehalten haben.
Das wichtigste Erfordernis scheint mir der Wille zu rückhaltloser Ehrlichkeit zu sein. Wie man einem verarmten Adligen nicht helfen kann, solange sich dieser am Glanz vergangener Geschlechter berauscht und seine eigene Realität geflissentlich übersieht, so werden auch die Christen bemitleidete oder verspottete Illusionisten bleiben, falls sie über einer erhofften Zukunft im Jenseits ihr armseliges Diesseits vergessen. Für den Gewissensbereich des einzelnen hat das Prinzip der Ehrlichkeit bekanntlich immer schon gegolten. Die Lehrer des geistlichen Lebens sind nie müde geworden, dem Gläubigen

seine Sündhaftigkeit, Schwäche und Ohnmacht vor Augen zu führen – oft sogar mit solchen Übertreibungen, daß die Wahrhaftigkeit wieder nach der anderen Seite hin verletzt wurde. Und wir erinnern uns noch gut einer Beichtpraxis, in der die Pflicht zur minuziösen Aufrichtigkeit das Wesen des Sakraments auszumachen schien.

Dagegen hat es die Kirche mit ihrer Theologie und Verkündigung von Anfang an schwer gehabt, auf dem Boden der Tatsachen zu bleiben. Schon in den frühesten Gemeinden machten sich Schwärmerei und fromme Verstiegenheit breit. Manche Christen meinten, mit der Taufe habe für sie die ewige Seligkeit begonnen, sie seien mit Christus als himmlische Geistwesen auferstanden und der Welt entrückt. Aus dieser falschen Tauftheologie zogen sie aber recht unterschiedliche Folgerungen. Die einen behaupteten, man dürfe sich fortan nicht mehr mit weltlichen Geschäften und Vergnügungen abgeben, man müsse auf Ehe, Familie, Wein- und Fleischgenuß verzichten (vgl. 1 Tim 4,3). Andere Gruppen wiederum waren der Ansicht, für den Christen spiele es überhaupt keine Rolle mehr, was er mit seinem in der Taufe gestorbenen und begrabenen Fleischesleib tue. Jede Ausschweifung sei ihm erlaubt, dem „Reinen sei alles rein" (Tit 1,15; vgl. 1 Kor 6,12; 10,23).

Wir wissen nicht genau, wie solche Anschauungen in das frühe Christentum eingedrungen sind. Doch läßt es sich wohl nicht leugnen, daß die Auferstehungsbotschaft selbst, zumal in der Form, wie sie in den nichtjüdischen Gemeinden verkündigt wurde, Anlaß zu derartigen Mißverständnissen gegeben hat. Viele Heidenchristen konnten in Jesus eine Art Mysteriengottheit sehen, die für sich und ihre Anhänger alles Leid überwunden und den Zustand endgültiger Seligkeit erreicht habe.

Paulus, der sich aus missionarischen Gründen vielleicht manchmal zu sehr der hellenistischen Sprech- und Denkweise angepaßt hatte, mußte nun alle Mühe darauf verwenden, die Schwarmgeister und Enthusiasten zur Vernunft zu bringen. Seine Hauptsorge war es, daß der Grund aller christlichen Hoffnungen zerstört und „das Kreuz Christi entleert" (1 Kor 1,17) werden könnte. Deshalb betonte er immer wieder den

unauflöslichen Zusammenhang zwischen dem Tod und der Auferstehung Jesu, er wollte „keine andere Verkündigung kennen als: Jesus Christus – und zwar den Gekreuzigten" (1 Kor 2,2), und den Galatern schrieb er: „Für mich aber soll es nie einen anderen Grund zum Rühmen geben außer das Kreuz unseres Herrn Jesus Christus" (Gal 6,14).
Wer sich wie Paulus zum Kreuze Christi bekennt – und dies nicht nur mit Worten, sondern mit seiner ganzen Existenz –, darf sich in einer ganz anderen Weise „der Hoffnung auf die Herrlichkeit Gottes rühmen" (Röm 5,2). Einem solchen Christen kann niemand vorwerfen, er prahle mit Reichtümern und Ehren, die er noch nicht besitze und die es vielleicht überhaupt nicht gebe. In der Nachfolge des Gekreuzigten, im unerschrokkenen Eintreten für Gottes Gnade, Friede und Gerechtigkeit wird bereits ein Stück jener Herrlichkeit sichtbar, auf die zu hoffen kein Mensch verzichten kann.

Fröhlich sein in der Hoffnung

Als der Apostel Paulus im Frühjahr 55 die römischen Christen aufforderte, „fröhlich zu sein in der Hoffnung" (Röm 12,12), konnten weder er noch die Adressaten seines Briefes ahnen, wie sich ihre Hoffnung nach einigen Jahren erfüllen sollte. Statt des glorreichen, triumphierenden Christus, dessen Wiederkunft man sehnlichst erwartete, kam Nero und mit ihm der Schrecken, kamen Feuer und Blut. Was die römische Gemeinde damals im 1. Jahrhundert erlebte, hat sich im Laufe der Kirchengeschichte oft wiederholt. Die frohen Hoffnungen der Christen wurden unzählige Male enttäuscht, bis heute ist Jesus nicht wiedergekommen, und das Gottesreich liegt noch immer in weiter Ferne. Statt dessen herrschen nach wie vor brutale Machtpolitik, Selbstsucht, Engstirnigkeit und Gier – in der sogenannten Welt nicht weniger als unter Christen.
Zwar haben die Gläubigen ihre Erwartungen allmählich etwas heruntergeschraubt, von Wiederkunft des Herrn, Weltgericht und allgemeiner Totenauferstehung ist nur noch in der Liturgie und bei feierlichen Anlässen die Rede, im Alltag begnügt man sich, auf friedliche Zeiten, einen bescheidenen Wohlstand und – nach gottseligem Tod – auf ein persönliches Himmelsglück zu hoffen.
Dementsprechend hat auch die Fröhlichkeit, die ursprünglich dem nahe geglaubten Gottesreich gegolten hatte, andere Formen angenommen. Im Gottesdienst begegnen den Gläubigen Jubel, Freude und Lobgesang je nach den Zeiten des Kirchenjahres, und sie empfinden dies als durchaus angemessen, weil sich ihre liturgische Fröhlichkeit meist aus Quellen speist, die mit der christlichen Hoffnung an sich wenig zu tun haben: eine sonn- und festtägliche Stimmung, Musik, Blumen, Kerzenschein, die Aussicht auf arbeitsfreie Stunden, einen guten Braten, auf Sport, Spiel, Unterhaltung und Schlaf.
Und im Privatleben? Im Beruf, in der Familie, im gesellschaftlichen und kirchlichen Bereich? Gewiß gibt es immer wieder Grund zu echter, unbeschwerter Fröhlichkeit, aber wer verbindet und begründet seine Freude noch mit der endzeitlichen Hoffnung?

Sich auf den Tod freuen, weil es im Himmel doch viel schöner und froher hergehen wird als in diesem Jammertal, kommt selbst frommen Leuten reichlich merkwürdig vor – es sei denn, ein schwerkranker, von Schmerzen gequälter Mensch sehnt den erlösenden Tod herbei. Wenn uns aber ein äußerlich gesunder, junger Mann begegnete, der erklären würde, er freue sich schon sehr auf den Himmel und möchte lieber heute als morgen sterben, dann dürfte uns wohl etwas unheimlich zumute werden.

Es lohnt sich, ein wenig darüber nachzudenken, warum wir eigentlich eine solche Haltung als absonderlich empfinden, obwohl sie in vielen Gebetstexten, Kirchenliedern und Heiligenlegenden als vorbildlich hingestellt wird.

Offenbar kommt es hier auf Nuancen an, so wie falsche Halbtöne das Gehör schmerzhafter treffen als große Intervalle. Nehmen wir ein Beispiel. Vor kurzem mußte sich meine Tochter Cordelia im Religionsunterricht folgende originelle Sätze aufschreiben: „Einladung des lieben Gottes zum ewigen Hochzeitsfest im Himmel: Ich möcht' euch alle bei mir seh'n, in meinem Reich ist's wunderschön. Um Antwort wird gebeten." Die Kinder sollten dann als Hausaufgabe ihre Antworten niederschreiben, wie „Ich komme gern, ich freue mich schon sehr, ich bereite mich vor" u. ä. In der nächsten Stunde wurde ihnen dann als „Vorsatz" eingeprägt: „Ich will alles tun, um zum himmlischen Freudenmahl zu gelangen."

Nun kann der betreffende Seelsorger sich bei diesem Thema auf ein lehramtlich eingeführtes „Glaubensbuch für das 3. und 4. Schuljahr" berufen, in dem das Evangelium in eine rein jenseitige Heilslehre umfunktioniert worden ist. Kinder aber denken über solche frommen Sprüche, die sie auswendig lernen müssen – man ist versucht zu sagen: Gott sei Dank! – meist nicht weiter nach; denn wenn sie es täten, müßten sie die Antwort geben: Ich will möglichst bald sterben, um zum „ewigen Hochzeitsfest im Himmel" zu gelangen.

Eine solche Konsequenz würde aber auch den Religionslehrer, der sich diese „Einladung" ausgedacht hat, tief erschüttern, hatte er doch nichts anderes im Sinn, als der üblichen Kindermoral (nicht naschen, nicht zanken, gehorchen usw.)

ein verlockendes Motiv zu geben. Die Erfahrung zeigt freilich, daß die Freude auf das himmlische Hochzeitsfest gerade Kinder nicht zu fesseln vermag. Was Kinder bewegt, sind immer konkrete Naherwartungen wie die Vorfreude auf Weihnachten, die Kirmes, ein Geburtstag, die Ferien und tausend andere kleine Dinge des Alltags.

Uns Erwachsenen geht es im Grunde nicht anders. Wahrhaft freuen können wir uns nur über Dinge, die schon in greifbarer Nähe liegen. Fernziele, langfristige Pläne mögen zu geduldiger Anstrengung anspornen, die befreiende Freude bricht erst aus, wenn der Gipfel erreicht ist und unsere Augen das Land der Verheißung sehen. So hat auch Paulus seinen berühmten Aufruf zur Freude (Phil 4,4–5) mit der Nähe des Herrn begründet, womit in erster Linie die als nahe bevorstehend erhoffte Wiederkunft Christi gemeint war. Die Christenheit des 1. Jahrhunderts wäre jedoch nicht so leicht mit dem Ausbleiben der Wiederkunft Christi fertig geworden, wenn sie die Nähe des Herrn ausschließlich als zukünftiges Ereignis verstanden hätte. Einmal war Jesus ja bereits „gekommen", und sein „Offenbarwerden im Fleisch" (1 Tim 3,16), dem Paulus noch keine besondere Bedeutung beigemessen hatte, wurde den Gläubigen durch die Evangelien auf eine sehr anschauliche und frohmachende Weise nahegebracht. Seitdem brauchte man nicht mehr „nach dem Himmel zu starren" (Apg 1,11), sondern konnte dem Herrn in den befreienden Worten und Machttaten seines irdischen Lebens wiederbegegnen.

Andere Wege, die Nähe des Herrn zu erfahren, boten sich in der eucharistischen Mahlgemeinschaft, der Sündenvergebung und den geistgewirkten Charismen, den zum Aufbau der Gemeinden notwendigen Gaben und Dienstleistungen, an. Hier bezeugte der „pneumatische", der durch den Heiligen Geist vermittelte Christus seine heilbringende, Frieden und Freude stiftende Gegenwart (vgl. Jo 20,20: „Da wurden die Jünger froh, als sie den Herrn sahen").

Was folgt aus solchen Überlegungen? Ich meine zweierlei. Einmal: Wir sollten sehr empfindlich gegen alle Versuche reagieren, uns eine Fröhlichkeit einreden und anerziehen zu wollen, die keinen konkreten, greifbaren Inhalt besitzt. Wahre

Freude ist immer spontan, sie setzt Erfahrungen und reale Nahziele voraus, keine bloßen Möglichkeiten und Vertröstungen.
Ferner: Die Hoffnung, die uns Christen ein frohes Herz schenkt, ist von besonderer Art. Man sieht bereits ihren Gegenstand – den wiederkommenden Christus und sein göttliches Reich – und kann ihn doch nicht fassen. Gerade wenn man ihn mit offenen Augen zu „erkennen" meint, „entschwindet er unseren Blicken" (vgl. Lk 24,31: die Emmausjünger). Wer deshalb „fröhlich sein will in (d. h. aufgrund) der Hoffnung", darf nicht tatenlos warten, bis Tod und Weltgericht die ewige Seligkeit bringen. Die christliche Hoffnung ist auf ihre ständige, vom Gläubigen zu verantwortende Realisierung hin angelegt.
Heißt das nun, daß Jesus, seine Wunder, sein Kreuz, seine Auferstehung, sein Reich „machbar" geworden sind? Selbstverständlich! Wozu gäbe es denn sonst eine vom Geiste Jesu getriebene Kirche, wenn nicht, um den Gegenstand ihrer Hoffnung in dieser Welt immer wieder gegenwärtig und sichtbar zu machen?
Vielleicht ist heutzutage herzhafte Fröhlichkeit so selten unter uns Christen zu spüren, weil wir nicht Gottes befreiende Herrschaft repräsentieren, sondern unseren eigenen Kleinmut, unsere gegenseitige Rechthaberei, unsere gesetzlichen Zwänge und eine zutiefst ungläubige Angst vor der Zukunft aller Welt vordemonstrieren.

Was Lieben heißt, hat Jesus gezeigt

Liebe muß bewahren – Liebe muß verändern

Als Jesus, die menschgewordene Liebe Gottes, auf Erden erschien, erlebte die Menschheit gerade eines ihrer so seltenen „goldenen Zeitalter". Im ganzen Römischen Reich herrschten unter der Regierung des Kaisers Augustus Friede und Ordnung, und auch in Palästina hatten sich nach der Absetzung des grausamen Herodessohnes Archelaus die Verhältnisse einigermaßen stabilisiert. Zwar versuchten politisch engagierte Bandenkämpfer immer wieder neuen Aufruhr zu schüren, aber im Volk bestand damals noch wenig Neigung, ihren Haßparolen zu folgen. In der Tat war Ruhe das Nötigste, was das wirtschaftlich schwache und durch inneren Parteihader zerrissene Land brauchte. Schon Johannes der Täufer hatte erfahren müssen, daß es nicht ratsam war, bei den Mächtigen aufzufallen und sich durch übergroßen Freimut unbeliebt zu machen. Auch Jesus hätte sein Leben in Frieden beschließen können, wenn er sich in das herkömmliche religiöse System gefügt und die maßgeblichen Autoritäten nicht herausgefordert hätte.

Warum mußte Jesus eine „neue Lehre" (Mk 1,27) verkünden und sich ausgerechnet die frömmsten Männer seines Volkes, die Pharisäer, zu Feinden machen? Wäre es nicht auch für ihn ein Gebot der Nächstenliebe gewesen, den Menschen ihre gewohnten Anschauungen und Bräuche zu lassen? Hat nicht sogar seine eigene Familie Schwierigkeiten gehabt, ihn zu verstehen (Mk 3,21; Jo 7,5)?

Solche Fragen kommen uns heute fast lächerlich vor, doch versetzen wir uns einmal in die Lage eines gesetzestreuen Juden der damaligen Zeit: Seit vielen Jahrhunderten hatten seine Vorfahren an Jahwe geglaubt, zu ihm gebetet, ihm Opfer im Tempel darbringen lassen, den Sabbat gehalten und heldenhaften Widerstand geleistet, um inmitten einer heidnischen Welt nach dem Gesetz leben zu können. Nun kam dieser Jesus aus dem obskuren Nazaret, ein Mann, der keine hohen Schulen besucht hatte, und behauptete, den Willen Gottes, seines Vaters, besser zu kennen als Mose und die ehrwürdigen Schriftgelehrten. Wie hätten wir uns verhalten, wer hätte den Mut gehabt, ohne und in diesem Fall sogar gegen das feierliche Urteil der von Gott eingesetzten Hohenpriester sich für Jesus zu entscheiden?

Unsere historischen Überlegungen bestätigen eine Tatsache, die heute in allen christlichen Kirchen als ungeheuer schmerzlich empfunden wird. Es sind meist die allertreuesten und frömmsten Gläubigen, die sich mit den vielen und oft überstürzten Veränderungen des religiösen Lebens so schwer tun. Man kann es wohl verstehen, daß im technischen und wirtschaftlichen Bereich Neuerungen notwendig sind, man findet sich auch mit Fortschritten auf dem Gebiet der Erziehung und schulischen Bildung ab, was aber sollen die ständigen Reformen in der Liturgie, der kirchlichen Verwaltung und Disziplin! Und wenn es dabei nur um Äußerlichkeiten ginge, wie die Körperhaltung im Gottesdienst, neue Gebetstexte oder die Streichung des „th" in biblischen Personennamen, auf die sich evangelische und katholische Gelehrte nach langjährigen Bemühungen geeinigt haben, aber man gewinnt mehr und mehr den fatalen Eindruck, daß der Glaube selbst ins Zwielicht gerät und die Substanz des Dogmas bedroht wird.

In einer Umfrage über den Zustand der römisch-katholischen Kirche, die vor einiger Zeit in einer angesehenen deutschsprachigen Zeitschrift durchgeführt wurde, bekundeten namhafte Persönlichkeiten des öffentlichen Lebens, Universitätsprofessoren, Wirtschaftler und Politiker, ihre tiefe Besorgnis, daß infolge der fortwährenden Diskussionen um theologische und pastorale Fragen jene Sicherheit verlorengehen könnte, die den Katholizismus früher einmal in so einzigartiger Weise ausgezeichnet habe. Besonders enttäuscht und beinahe betrogen fühlten sich Konvertiten aus dem evangelischen Raum, weil sie die geistige und kultische Geborgenheit, die sie vor dem Konzil bei uns zu finden geglaubt hatten, nun wieder geschwunden sehen.

In ihrer hektischen Unruhe und Reformbesessenheit scheinen manche kirchlichen Gremien zu vergessen, daß ihnen Gott selbst ein unverrückbares Fundament gelegt hat, seinen Sohn Jesus Christus (1 Kor 3,11). Das sagt sich so leicht und klingt in Festtagspredigten gut; was aber ist konkret damit gemeint?

Blicken wir noch einmal zurück auf das Verhalten Jesu zu seinem Volk. Kein Zweifel, er hat es geliebt, und weil er es liebte, konnte er sich mit der Bewahrung altgeheiligter Traditionen nicht zufriedengeben. Aus einer späteren Perspektive sieht es freilich so aus, als habe Jesus den Juden ihre überlieferten Gebräuche nehmen wollen und als sei es seiner Meinung nach einzig darauf angekommen, statt der Beschneidung die Taufe, statt des Sabbats den Sonntag, statt des Passahmahls die Eucharistie und statt der Synagoge die Kirche zu wählen. Mögen diese kultischen und organisatorischen Abgrenzungen im Laufe der Zeit auch notwendig geworden sein, Jesus hat die Menschen vor andere, wesentlichere Entscheidungen gestellt. Seine Alternative lautete: Bist du bereit, Gottes grenzenlose, ungeschuldete Liebe für dich selbst und deinen Mitmenschen anzunehmen (man denke an den älteren Bruder im Gleichnis vom verlorenen Sohn!), oder erwartest du alles Heil von gesetzlichen Ordnungen, von bestimmten Riten, Formeln, Leistungen und Verzichten?
Nun war Jesus bestimmt kein Anarchist und Phantast, er wußte sehr wohl, daß Menschen niemals ohne Gesetze und rechtliche Regelungen auskommen, aber er hat es abgelehnt, solchen „Menschensatzungen" (Mk 7,7) eine unter allen Umständen verpflichtende, göttliche Autorität zuzuschreiben. Diese dem pharisäischen Denken entgegengesetzte Haltung bedeutete eine geistige Revolution, deren Konsequenzen auch die Christen nur zögernd und schrittweise gezogen haben. Religiöse Menschen neigen verständlicherweise dazu, ihre Institutionen und Überlieferungen unmittelbar auf Gott zurückzuführen. Dadurch berauben sie sich aber der Möglichkeit, etwas zu ändern und nach vielleicht besseren Wegen zu suchen. Gerade diese Freiheit wollte jedoch Jesus seinen Gläubigen geben, und es entbehrt nicht der Tragik, daß ausgerechnet der Heilige Geist – das Prinzip der von Jesus verliehenen Freiheit! – im Verlauf der Kirchengeschichte oft herhalten mußte, um ideologischen Starrsinn und gesetzliche Härte zu rechtfertigen.
Andererseits – und auch dafür bietet die Kirchengeschichte viele traurige Beispiele – darf der Heilige Geist nicht als Vor-

wand für Willkür und verantwortungslose Neuerungssucht mißbraucht werden. Der „Geist der Wahrheit" ist, wie man heute sagen würde, „weisungsgebunden", er „redet nicht von sich aus", sondern „nimmt aus dem Meinigen", d. h. aus dem Evangelium Jesu, und verkündigt es den Menschen so, daß sie es in ihrer Sprache und Vorstellungswelt verstehen können (vgl. Jo 16,13–15). Alle Veränderungen in der Kirche sollten also nur ein Ziel haben, sie sollten den ursprünglichen Geist Jesu Christi, seine Offenbarung der göttlichen Liebe, „bewahren" helfen. Hier haben wir das Kriterium, ob Neuerungen sinnvoll, geboten, überflüssig oder gar schädlich sind.

Es geht weder um die Anpassung an moderne Verhältnisse noch um beliebige Erleichterungen im sittlichen und religiösen Vollzug, sondern allein um die Frage: Wie können, wie müssen wir der heutigen Menschheit glaubhafter machen, daß Gott die Welt liebt? Vor diesem unbestechlichen Maßstab erweisen sich leider so manche Reformen und Reförmchen, die in den Jahren nach dem Konzil das Angesicht der Kirche verändert haben, als bloße Augenwischerei, als oberflächliche Kosmetik. Zuweilen regt sich sogar der Verdacht, man wolle sich durch betonte Modernität nur ein Alibi verschaffen, um der wahren Erneuerung im Geiste Jesu zu entgehen.

Niemand möge jedoch dem durch die Soziologie genährten Aberglauben huldigen, als käme es nur darauf an, daß „die" Kirche sich ändere, daß „die da oben" zu besserer Einsicht gelangen. Solche Erwartungen sind in der langen Geschichte des Christentums fast immer enttäuscht worden, und zu Recht: Denn „die" Kirche, das sind wir alle, jeder einzelne vor Gott und im Miteinander mit dem Heiligen Geist, und was „die da oben" angeht, so hat in der Regel jede Gemeinschaft die Leitung, die sie verdient.

Jesus: Mensch unter Menschen

Religionspädagogen machen seit langem die Erfahrung, daß es Kindern bis zu einem gewissen Alter nicht schwer fällt, an die Gottheit Jesu zu glauben. Von Anfang an wird ihnen auf Bildern, in Gebeten und durch die Feier des Kirchenjahres Jesus als ein himmlisches, überirdisches, göttliches Wesen vorgestellt. Selbst der Anblick des Kindes in der Krippe und des leidenden Heilands am Kreuz kann sie meist nur im Glauben bestärken, hier sei eigentlich kein Mensch, sondern der „liebe Gott" zu sehen. Frühere Generationen von Seelsorgern und Katecheten waren über diesen Erfolg der religiösen Unterweisung froh und meinten, damit ein solides Fundament für den christlichen Glauben gelegt zu haben. Warum ist man heute in Kreisen der Religionspädagogik nicht mehr so sicher, daß dies stimmt?
Die Gründe sind folgende: Kinder haben bekanntlich noch ein anderes Verhältnis zur Wirklichkeit. Sie leben zum Beispiel wie selbstverständlich in der Welt des Märchens, hören gern wunderbare Geschichten und haben keine Schwierigkeit, an Riesen und Zwerge, Zauberer und Hexen, gute und böse Geister zu glauben.
Es besteht nun kein Zweifel, daß auch viele religiöse Vorstellungen dem kindlichen Verlangen nach einer phantastischen, mythischen Weltschau entgegenkommen. Man darf sich deshalb nicht wundern, wenn ein so akzentuierter Glaube zusammenbricht, sobald sich in der Pubertät das kritische Denken regt. Bei denen, die ihren Kinderglauben ins Erwachsenenalter hinüberretten, zeigt sich oft lebenslang ein Unvermögen, mit der Realität des unverkürzten Menschseins Jesu fertig zu werden. So merkwürdig es ist: Diese Christen stoßen sich nicht daran, daß Jesus als zweite Person der Gottheit aus dem Himmel gekommen und nach seiner Auferstehung wieder dorthin zurückgekehrt ist, nein, das eigentliche Ärgernis liegt für ihren Glauben darin, daß Jesus ein normaler Mensch gewesen sein soll, ein Mensch wie du und ich.
Wer die Entwicklung des kirchlichen Christusglaubens kennt, weiß auch, daß sich die ersten Lehrstreitigkeiten nicht an der

Gottheit Jesu, sondern an seinem Menschsein entzündet haben. Den Heidenchristen, den Christen also, die aus dem Heidentum kamen, war von Jugend an der Gedanke wohlvertraut, daß ein Gott in Menschengestalt auf Erden erscheinen, staunenswerte Wunder vollbringen und nach Erfüllung seines Auftrages wieder zum Himmel aufsteigen könne. Freilich wurde ein solcher Gott nicht wirklich Mensch, er nahm nur die Gestalt, die äußere Form eines Menschen an, blieb aber im Kern seines Wesens, was er immer war, ein Gott.
Auf Jesus angewandt bedeutet dies, daß er nicht „wirklich geboren wurde, aß und trank", nicht „wirklich verfolgt wurde unter Pontius Pilatus" und auch nicht „wirklich gekreuzigt wurde und starb". Vielmehr habe er nur „zum Schein gelitten", eine Auffassung, die für den Martyrerbischof Ignatius von Antiochien zum Beispiel (gestorben um 110), den Gipfel der Gottlosigkeit und des Unglaubens darstellt (Brief an die Trallianer, Kap. 9–10). In Anlehnung an das griechische Wort für „Schein", dokein, nennt man diese früheste und gefährlichste Verfälschung des Christusglaubens den „Doketismus". Ihm folgte später die Irrlehre des „Monophysitismus" (ebenfalls aus dem Griechischen: monos = eins und physis = Natur), die sich zwar grundsätzlich zur „Fleischwerdung" des Logos bekannte, aber die menschliche Natur Christi ganz in seiner göttlichen aufgehen ließ. Demgegenüber lehrte das Konzil von Chalkedon (451): „Ein und derselbe Sohn, unser Herr Jesus Christus, ist vollkommen in seiner Gottheit, vollkommen in der Menschheit, wahrer Gott und wahrer Mensch, mit Geistseele und Leib, gleichen Wesens mit dem Vater der Gottheit nach, und gleichen Wesens mit uns der Menschheit nach, ‚in allem uns gleich außer der Sünde' (Hebr 4,15)..."
Allerdings konnte auch das Konzil die Schwierigkeit nicht lösen, wie sich in einer Person zwei Naturen, eine göttliche und eine menschliche, vereinigen sollen, und dies „unvermischt, unwandelbar, ungeteilt, ungetrennt". Aber das Konzil hat wenigstens allen Verkürzungen und Einseitigkeiten einen Riegel vorgeschoben und damit die christologische Frage, wie das Neue Testament sie stellt, offengehalten. Man darf also, wenn man ein „rechtgläubiger" Christ sein will, Jesus weder als ei-

nen Halbgott noch als ein Misch- oder Doppelwesen, noch als einen mit Fleisch bekleideten Gott ansehen. Ausgangspunkt aller Überlegungen bleibt vielmehr die Tatsache, daß Jesus „gleichen Wesens mit uns ist der Menschheit nach, ,in allem uns gleich außer der Sünde'". Wer diese auf Erfahrung gründende Realität leugnet oder einschränkt, verkürzt das in der Offenbarung uns überlieferte Christusbild.

Wie aber kann Jesus ein wahrer Mensch gewesen sein, wenn ihm eines der wesentlichsten Elemente des Menschseins gefehlt haben soll, die Sünde? Trennt diese Eigenschaft ihn nicht doch wieder ganz grundsätzlich von uns allen, deren gemeinsames Kennzeichen das Sündigen ist? Die Fragen haben ihr Gewicht und zwingen zur Überlegung, was Sünde und was Menschsein bedeuten.

Es gab Zeiten, und sie liegen noch nicht lange zurück, da wurde Sünde vorzugsweise mit ungezügelten Äußerungen des Trieblebens, der Leidenschaften und Affekte gleichgesetzt. Mit dieser – nicht biblischen – Interpretation verband sich das klassizistische Ideal der edlen, harmonischen Persönlichkeit. Entsprechende Darstellungen des „sündlosen" Jesus sind bekannt, sie tragen viel Schuld daran, daß die Menschen sich in ihm nicht wiederfanden.

Heute sehen wir das Wesen der Sünde – vielleicht auch einseitig, aber als notwendige Korrektur der oben angesprochenen Gewissensbildung – in der Sozialschädlichkeit menschlichen, d. h. richtiger: unmenschlichen Verhaltens. Alles, was das Bild des Menschen, der ein Ebenbild Gottes ist, entstellt, verzerrt, beleidigt, zerstört, das betrifft auch Gott und ist darum Sünde. Alles, was sich gegen den Nächsten richtet oder sich ihm versagt, das macht auch schuldig vor Gott, der ein „Bundesgenosse" des Nächsten ist.

Versteht man die Sündlosigkeit Jesu in diesem echt biblischen Sinne, dann war an ihm nichts Unmenschliches – wiewohl er in den Augen seiner frommen Gegner als großer Sünder galt, denn er hielt sich nicht immer an das Sabbatgebot und die Reinheitsvorschriften, er aß und trank und war fröhlich mit öffentlichen Sündern, er vertrat häretische Ansichten und lästerte, wie sie meinten, Gott.

Diese Vorwürfe bezeugen aber gerade die Sündlosigkeit Jesu, weil sich der Mensch durch nichts mehr versündigt, als wenn er um seines Gottes und der eigenen sittlichen Vollkommenheit willen dem Nächsten die Liebe und Gemeinschaft schuldig bleibt. Zugleich wird am Beispiel Jesu ersichtlich, daß wahre Sündlosigkeit nicht von anderen Menschen trennt und in die Absonderung, das Pharisäertum, führt, sondern ganz im Gegenteil erst die brüderliche, von Angst, Mißtrauen und religiösem Leistungszwang befreite Gemeinschaft mit Gott ermöglicht.

Durch seine Sündlosigkeit ist Jesus also keineswegs weniger Mensch gewesen, es ist ja nicht so, daß ein „richtiger" Mensch auch „richtig" drauflos sündigen müßte. Vielmehr ist uns in ihm der vollkommene Mensch Gottes erschienen, ein christologischer Hoheitstitel, der im Neuen Testament noch eine große Rolle spielt (z. B. Eph 4,24), später aber gegenüber Formeln zurücktrat, die leichter geeignet waren, kirchliche Macht- und Rechtsansprüche zu betonen. Es wäre deshalb nur ein Zeugnis mangelnden theologischen Verständnisses, wenn man die Betonung des Menschseins Jesu als modische Zeiterscheinung abwerten wollte, als vorübergehende Verirrung, die sicher bald wieder durch mehr Gespür für das Transzendente, Übernatürliche, Göttliche abgelöst werde. Wer so urteilt, mag wohl seine tiefe Religiosität bekunden, er verrät aber auch, daß er Jesus selbst nicht richtig sieht. Es könnte ebensogut irgendeine antike Kult- und Mysteriengottheit sein, von der man sich als treuer Verehrer Schutz, Heil, ewiges Leben erwartet, mit der man sich durch heilige Riten verbindet und in weihevolle Stimmung bringen läßt.

Wenn das Christentum wirklich eine besondere, einzigartige Erscheinung der Religionsgeschichte ist, dann sicher nicht in erster Linie durch das Bekenntnis zur Göttlichkeit seines Stifters. Einen solchen Glauben teilte es mit vielen anderen religiösen Bewegungen des Altertums. Daß aber dieser Jesus aus Nazareth, ein „wahrer Mensch", allen Menschen Gottes Heil und Frieden gebracht haben soll, bleibt nach wie vor eine unglaubliche Zumutung auch und gerade für den frommen Christen, eine Zumutung für uns alle.

Jesus und seine Jünger

Wer die Frage beantworten will, wie Jesus als Mensch unter Menschen gelebt hat, gerät wahrscheinlich zuerst an die Jünger. Sie sind es, die in den Evangelien fast immer zusammen mit Jesus genannt werden, sie begleiten ihn auf allen (wirklich auf allen?) seinen Wegen, und es scheint kein Ereignis seines öffentlichen Wirkens gegeben zu haben, bei dem nicht wenigstens einige oder auch doch einer von ihnen zugegen war. Sie also können uns darum wohl am ehesten Auskunft geben, wie Jesus sich zu anderen Menschen verhalten hat.
Zur Zeit unserer Väter und Großväter war es üblich, sich das Zusammensein der Jünger mit Jesus möglichst anschaulich vorzustellen. Dem frommen Betrachter wurde empfohlen, sich anhand der biblischen Texte in die Gedanken, Empfindungen und Absichten des göttlichen Heilands und seiner Umgebung hineinzuversetzen. Auch die mehr wissenschaftlichen Kommentare ließen ihren philologischen und technischen Erklärungen oft solche erbaulichen Anmutungen folgen:
„Wie mag sich Jesus in diesem Augenblick über seine Jünger gefreut (gewundert, geärgert, entsetzt usw.) haben ..." „So lange war er schon bei ihnen, und noch immer hatten sie nicht begriffen, wer er in Wirklichkeit war ..." „Was in den Tiefen seiner göttlichen Seele vorging, vermag kein Mensch zu beschreiben ..." „Damals muß wohl ein heiliges Erschauern die Herzen seiner Jünger durchbebt haben und eine Ahnung des göttlichen Geheimnisses (der Menschwerdung, Dreifaltigkeit, Erlösung, Kirche, Eucharistie usw.) in ihnen wachgeworden sein ..."
So sehr die persönliche Frömmigkeit aus solchen Anmutungen Nutzen schöpfen konnte, für die Erkenntnis der historischen Umstände war damit wenig gewonnen. Außerdem krankte diese Art von Psychologie gleich an mehreren falschen Voraussetzungen. So nahm man noch recht unkritisch an, daß die Evangelien den Umgang Jesu mit seinen Jüngern fotografisch und protokollarisch genau wiedergegeben hätten. Und weil sich auch die eigene Religiosität auf private In-

nerlichkeit und das Für-wahr-Halten von Lehrsätzen reduziert hatte, blieb man eingeengt auf die Erhebung von Gemütsbewegungen und dogmatischen Glaubensformeln.
Schließlich waren viele Erwägungen von einer höchst fragwürdigen Christologie geleitet, die – im Widerspruch zum Konzil von Chalkedon (451): „wahrer Gott" und „wahrer Mensch" – Göttliches und Menschliches je nach Belieben vermischte oder auseinanderriß.
Es wundert deshalb nicht, daß die Frage nach den menschlichen Kontakten zwischen Jesus und seinen Jüngern längere Zeit hindurch überhaupt nicht mehr gestellt wurde. Ihre Beantwortung galt als unmöglich, und man meinte, sie sei auch für den Glauben belanglos. Man solle sich lieber an die von den Evangelien stilisierten theologischen Modelle halten: Berufung, Nachfolge, Sendung, das zwangsläufige Un- und Mißverständnis der Jünger, ihr durch himmlische Offenbarung ermöglichtes Christusbekenntnis, der Geistempfang und zu guter Letzt ihr Blutzeugnis in der Verfolgung.
Ganz ohne Zweifel sind diese Verhaltensweisen für jeden gläubigen Christen unentbehrlich, sie machen ihn zum Jünger „zweiter Hand" (Kierkegaard) und bringen ihn in ein bleibendes Verhältnis zu seinem erhöhten Herrn. Gleichwohl sind die Gefahren nicht zu übersehen, die sich in ihnen verbergen. Gefolgschaft, Treue, Bekenntnis und selbst das Martyrium können zu bloßen Formen werden, die sich mit den verschiedensten Inhalten füllen lassen. Auch der Jünger Christi ist nicht dagegen gefeit, sich für irgendwelche ideologischen und politischen Ziele einzusetzen, die mit dem Evangelium wenig zu tun haben. Woher kommen ihm die Maßstäbe, daß seine Treue nicht mißbraucht wird? Das Wort der Kirche allein reicht oft nicht aus, um Fehlentwicklungen und Irrtümer zu vermeiden. Und wenn die Kirche für ihre Entscheidungen, Maßnahmen und Richtlinien absoluten Gehorsam forderte oder kritisches Nachprüfen und selbständiges Urteil verbieten würde, verwirkte sie die „Anbetung Gottes in Geist und Wahrheit" (Jo 4,23) und verkehrte die Jüngerschaft Jesu in ein System dieser Welt. Die historische Rückfrage nach Jesus und seinen Jüngern scheint also doch höchst notwendig zu sein.

Die Bildung eines Jünger- oder Schülerkreises war in der Antike nichts Ungewöhnliches. Allein aus dem Neuen Testament kennen wir neben den Jesusjüngern die Jünger Johannes des Täufers, die Schüler der (überwiegend pharisäischen) Schriftgelehrten und die engagierten Freiheitskämpfer (Zeloten), die sich meist um einen charismatisch begabten Führer scharten. Dann hat uns die Entdeckung der Qumranschriften gezeigt, daß auch diese mönchsartige Gemeinschaft ihre „Novizen" besaß und ausbildete.

Worin unterschied sich nun die Jüngergruppe Jesu von ihren zeitgenössischen Parallelen? Alle Kommentatoren sind sich darin einig, daß man die Besonderheit in der personalen Bindung an Jesus suchen muß. Von seiner Gestalt muß eine ungewöhnlich starke Faszination ausgegangen sein. Die Schüler der Rabbinen waren dagegen dem Studium der Tora, des Gesetzes, verpflichtet, die Zeloten hatten ihr Leben der Befreiung Israels vom heidnischen Römerjoch geweiht, und die Novizen von Qumran mußten schwören, mit allen Kräften die Gemeinschaftsordnung des Neuen Bundes zu beachten. Am nächsten verwandt mit der Jesusgruppe waren wohl die Johannesjünger, doch gab es auch hier wesentliche Unterschiede. Das Jüngerverhältnis zu Johannes wurde hauptsächlich durch die Taufe begründet, der dann die nähere Auswahl und Aufnahme in den Jüngerkreis folgte. Da Johannes offensichtlich den Lebensstil der altisraelitischen Propheten (Elias) wiederzuerwecken versuchte, zeichneten sich auch seine Jünger durch auffällige asketische Besonderheiten in Nahrung und Kleidung aus. Bei Jesus hören wir dagegen nichts davon, daß seine Jünger sich erst taufen lassen mußten oder daß sie zu einer bestimmten Tracht und Lebensweise angehalten wurden. Im Gegenteil, das unbeschwerte, fröhliche Essen und Trinken scheint ihnen wie ihrem Meister harte Kritik eingetragen zu haben (Mt 11,19; Mk 2,18).

Wenn also die personale Bindung an Jesus das unterscheidende Merkmal war, dann kommt wohl alles darauf an, das Wesen dieser Beziehung zu erläutern. Ein Jünger Jesu konnte man nicht durch eigene Initiative werden, etwa weil man für den Propheten aus Nazaret Sympathie, freundschaftliche Ge-

fühle empfand oder sich in seiner Gemeinschaft eine große Karriere erträumte. Immer ging die Berufung von Jesus aus, er bestimmte „wen er wollte" (Mk 3,13). Dieser erwählende Wille war jedoch nicht exklusiv gemeint, als seien die einen bevorzugt, andere zurückgestoßen worden. Im Gegenteil, zum Jünger Jesu berufen werden, bedeutete: nichts für sich selbst zu gewinnen, sondern allen anderen Menschen ihre Erwählung kundtun zu müssen. Oder deutlicher gesagt: Was der Jünger zuerst an sich selbst erfahren hatte, nämlich von Jesus angenommen, geliebt, bejaht zu sein, das sollte er überall als die sensationelle Neuigkeit der Machtergreifung, des Herrschaftsantritts Gottes verkünden: Gott liebt euch, er erbarmt sich aller, niemand ist ausgeschlossen, auch der ärgste Sünder braucht sich vor ihm nicht zu verstecken.
Darum erscheint es besonders glaubhaft, wenn die Evangelien berichten, Jesus sei bei Zöllnern und anderen öffentlichen Sündern eingekehrt, um mit ihnen Mahl zu halten und sie so von ihrer Berufung zu überzeugen. An ihnen, den Ausgestoßenen, Nichtangepaßten, Zu-kurz-Gekommenen, sollte sichtbar werden, daß Gott mit anderen Maßstäben mißt als die Menschen. Freilich darf man nicht annehmen, wie es heute vielfach Mode geworden ist, daß Jesus seine Jünger nur aus den gesellschaftlich Deklassierten und seelisch Labilen rekrutiert habe (als ob es für den Christen nahezu eine Schande sei, sich noch zu den einigermaßen normalen, vernünftigen Bürgern zu rechnen). Doch sollten sich die Braven, Biederen, Frommen und Gerechten jederzeit bewußt bleiben, daß auch sie ihr Leben nicht der eigenen Leistung, sondern allein der Annahme von seiten Gottes und der Mitmenschen verdanken – an sich eine Binsenwahrheit, die aber wie alle Selbstverständlichkeiten schwer zu begreifen und noch schwerer zu realisieren ist.
Weiß nun die heutige Exegese wirklich mehr als früher vom Verhalten Jesu zu seinen Jüngern? Wenn man unter „mehr" personelle und biographische Einzelheiten versteht, dann ganz sicher nicht. Wenn aber ein „Mehr" an theologischer Erkenntnis gemeint ist, dann glaube ich schon, daß wir bedeutend klarer sehen, was Jesus mit seinen Jüngern verband und

wozu er sie auserwählte. Vor allem läßt sich diese Sicht der Jüngerschaft viel leichter umsetzen in unser gewöhnliches Leben (wobei „leichter" nicht unbedingt mit „bequemer" verwechselt werden darf). Um ein Jünger Jesu zu werden, braucht man weder asketische Hochleistungen zu erbringen, noch einen kirchenamtlichen Titel zu tragen, noch besondere theologische Studien zu machen. Man muß, oder besser, man darf nur dem Wort Jesu glauben, daß Gott unser Vater sein will im Leben wie im Tod, und man wird anderen gern helfen, der gleichen Erfahrung teilhaft zu werden.

Jesus und die Frauen

Man muß schon in Antiquariaten oder in den verstaubten Bibliotheken geistlicher Häuser herumsuchen, um ein Buch über „Jesus und die Frauen" zu finden. Die letzte Untersuchung ist vor etwa dreißig Jahren erschienen (P. Ketter, Christus und die Frauen, Stuttgart 1944/49) und heute längst vergessen. Der Verfasser, damals Professor am Trierer Priesterseminar, hatte mit großer Gelehrsamkeit alles zusammengetragen, was die Evangelien zum Thema „Frau" zu berichten wissen, angefangen von Maria, der Mutter Jesu, über die Schwiegermutter des Petrus bis hin zur Frau am Jakobsbrunnen, zu Maria Magdalena, der Ehebrecherin und vielen anderen mehr. Das Christusbild, das die Exegese der biblischen Texte leitete, entsprach ziemlich genau den Vorstellungen der damaligen liturgischen und aszetischen Frömmigkeit. Jesus wurde kaum als konkreter Mensch von Fleisch und Blut angesehen, sondern wie ein verborgener König und Gottessohn, unnahbar und hoheitsvoll, aber mit einem Herzen begabt, das in unendlichem Erbarmen mit den armen Sünderinnen schlägt. Welche Frau konnte es wagen, im Angesicht solch sakraler Majestät von Gleichberechtigung, Emanzipation, Geschlechtlichkeit, Beruf und Familiensorgen zu reden, ohne sich immer wieder als schwaches, armseliges Geschöpf zu bekennen?
Eine ganz andere, diametral entgegengesetzte Mentalität verrät die vor wenigen Jahren erschienene Christologie des anglikanischen Bischofs John A. T. Robinson „The Human Face of God", d. i. „Das menschliche Antlitz Gottes" (London 1973). Der durch sein „Gott ist anders" weltbekannt gewordene Theologe scheut sich nicht, sogar nach der Sexualität Jesu zu fragen, da Jesus doch, wie die Kirche seit Anbeginn lehre, ein wahrer und vollkommener Mensch gewesen sei. Es könne also weder verboten noch blasphemisch sein, sich Jesus als einen Mann vorzustellen, der in seinem Leben viel Liebe empfangen und erwidert habe.
Nun würde es sicher gegen keine Glaubenswahrheit verstoßen, wenn wir eines Tages durch irgendein zeitgenössisches

Dokument erfahren sollten, auch Jesus von Nazareth habe die Liebe zu einem ganz persönlichen Du kennengelernt. Die Möglichkeit hierzu von vornherein und grundsätzlich ausschließen wollen,hieße in der Tat, sich der Häresie verdächtig machen. Auf der anderen Seite muß aber betont werden, daß man das Thema „Jesus und die Frauen" nicht nach dem Muster von „Goethe und die Frauen" abhandeln kann. Mehr noch als bei Dichtern und Künstlern würde sich bei Jesus die Phantasie des sentimentalen Gegenstandes bemächtigen und, wie manche schlechten Beispiele zeigen, in peinlichen Taktlosigkeiten enden.
Hätte Jesus nicht mehr getan, als Magdalenenseelen an sich zu ziehen und einigen psychisch belasteten Frauen Trost zu spenden, dann lohnte es sich kaum, in diesem Zusammenhang von ihm zu reden. Seine Bedeutung für die Frau insgesamt, ihre religiöse und gesellschaftliche Stellung, ist gewiß höher einzuschätzen.
Erstens: Was schon den Zeitgenossen auffiel, war Jesu ungewöhnliche Freiheit im Umgang mit Frauen. Jüdische Fromme, besonders Schriftgelehrte, mußten sich in diesem Punkt größter Zurückhaltung befleißigen. Ihnen wurde z. B. der Rat erteilt, möglichst wenig mit der eigenen Frau, geschweige denn mit einer fremden, zu sprechen. Freilich werden auch damals schon die Menschen allgemein in ihrem Verhalten vernünftiger und eben menschlicher gewesen sein, als dies ihre geistlichen Lehrer vor Gott verantworten zu können meinten. Um so mehr verdient es Beachtung, daß sich im Munde Jesu keine Worte der Geringschätzung, des Spottes, der männlichen Überheblichkeit finden, wie uns solche in der jüdischen Spruchliteratur (und nicht nur dort) zuhauf begegnen.
Zweitens: Jesus wurde auf seinen Wanderungen auch von Frauen begleitet (Lk 8, 1–3). Es trifft also nicht ganz zu, wenn immer wieder behauptet wird, Jesus habe nur Männer in seinen Jüngerkreis berufen. Man denkt dabei gewöhnlich an die „Zwölf", ohne zu berücksichtigen, daß es sich bei diesem Kollegium vorwiegend um eine nachösterliche Institution handelt. Für die heute immer aktueller werdende Frage, ob und wieweit Frauen kirchliche Dienste übernehmen dürfen, läßt

sich deshalb von Jesus her keine ablehnende Antwort entnehmen. Es wäre auch recht merkwürdig, wenn die Leitung der Gemeinden allein dem männlichen Geschlecht vorbehalten sein sollte, als sei die Frau ein Mensch minderen Ranges. Andererseits muß man in der schwierigen und von Emotionen belasteten Diskussion folgendes bedenken: Jesus ist in einer religiösen Tradition aufgewachsen, die dem Mann eine unangefochtene Vorzugsstellung einräumte. Unter Priestern und Schriftgelehrten war für Frauen kein Platz (anders unter Propheten). Auch im bürgerlichen Leben spielten Frauen nur ausnahmsweise eine führende Rolle. Man darf also nicht erwarten, den engsten Jüngerkreis gleichsam paritätisch aus männlichen und weiblichen Vertretern zusammengesetzt zu sehen. Dagegen stellt sich das Problem unter den gegenwärtigen gesellschaftlichen Verhältnissen wesentlich anders. In einer Zeit, da alle staatlichen, wirtschaftlichen und besonders kulturellen Führungspositionen grundsätzlich von Frauen bekleidet werden können, wirkt es zumindest anachronistisch, wenn die Kirche ihr „Nur für Männer" auch noch theologisch zu rechtfertigen sucht. Gott scheint manchen eben doch ein Mann (gewesen) zu sein.

Drittens: Die Minderbewertung der Frau zeigte sich vor allem im alttestamentlich-jüdischen Eherecht. Das Gesetz begünstigte einseitig den Mann und gestattete ihm, seine Frau zu verstoßen, wenn „sie ihm nicht mehr gefiel, weil er etwas Häßliches an ihr gefunden hatte" (Dt 24, 1). Da der Ausdruck „etwas Häßliches" nirgendwo verbindlich erklärt wurde, war die Scheidung praktisch ganz dem Ermessen des Mannes überlassen. Zur Zeit Jesu stritten sich die Rabbinenschulen, ob jeder beliebige Grund oder nur Ehebruch bzw. ein schamloses Verhalten der Frau die Scheidung rechtfertigte. Auf diesem rechtsgeschichtlichen Hintergrund erscheint die Stellungnahme Jesu als Votum für die gottgewollte Ebenbürtigkeit der Geschlechter: „Im Hinblick auf eure Herzenshärte schrieb er (Mose) euch dieses Gebot: Von Anbeginn der Schöpfung an aber gilt: ‚Männlich und weiblich machte er sie' (Gen 1, 27)" (Mk 10, 5–6). Vor aller Scheidungsproblematik will Jesus festgehalten haben, daß Mann und Frau vor Gott den gleichen Rechten und Pflichten unterworfen sind. Deshalb kennt sein Evangelium auch keine unterschiedliche Beurteilung des Ehebruchs, als dürfe sich der Mann in dieser Hinsicht größere Freiheiten herausnehmen. Mit der ironischen Aufforderung: „Wer von euch ohne Sünde ist, werfe den ersten Stein auf sie" (Jo 8, 7) entlarvt Jesus den Pharisäismus männlicher Sittenstrenge, ohne die Sünde der Ehebrecherin zu bagatellisieren. Aber auch er richtet nicht, sondern verkündigt das für Mann und Frau gleich notwendige Erbarmen Gottes.

Viertens: Von den Frauen, die mit Jesus nach Jerusalem hinaufgezogen und ihm bis unter das Kreuz gefolgt waren, sagt der Evangelist, daß sie Jesus in Galiläa „gedient" hätten (Mk 15, 41). Einen gleichen Hinweis enthält die Geschichte von der Heilung der Schwiegermutter des Petrus (Mk 1, 31), und der bekannte evangelische Exeget Eduard Schweizer bemerkt hierzu: „Dies (das Dienen) ist die spezifische Form der Nachfolge der Frau" (Das Evangelium nach Markus, 28). Wenn der Satz aus der Feder eines katholischen Theologen stammte, würde man wahrscheinlich viel eher eine typisch klerikale Note heraushören: „Na, ja, wozu sollen Frauen in der Kirche anders gut sein, als zum Dienen? Die eigentlich entscheidenden Aufgaben, das Predigen, Sakramentespenden und die Finanzverwaltung, das alles ist uns Männern, den Nachfolgern der Apostel, vorbehalten."

Leider ist diese Karikatur immer noch nicht allzuweit von der Realität entfernt, und es wäre wohl an der Zeit, daß Frauen und Männer gemeinsam auf die Barrikaden stiegen, um aus Gerechtigkeit und seelsorgerlicher Notwendigkeit eine vernünftigere und christlichere Ordnung durchzusetzen. Selbstverständlich geht es nicht darum, daß kirchliche Titel, Orden und Ehrenkreuze nun auch in größerem Umfang an Frauen vergeben werden. Was nottut, ist etwas völlig anderes: Die kirchlichen Ämter müßten von Männern und Frauen wahrgenommen werden als Dienst, der das Wesen aller Jesusnachfolge ist.

Jesus und die Mächtigen seiner Zeit

Als Jesus geboren wurde, herrschte noch Herodes der Große über ganz Palästina. Was uns das Kindheitsevangelium des Matthäus von der Tücke und Grausamkeit dieses orientalischen Despoten erzählt, läßt sich zwar nicht historisch nachprüfen, entspricht aber ganz seinem Charakterbild, wie es auch der jüdische Geschichtsschreiber Flavius Josephus schildert. Die eigentliche Aussageabsicht des Evangelisten aber geht dahin: Jesus, so will er seinen verfolgten und bedrängten Lesern sagen, war schon als neugeborenes Kind den Herrschenden ein Dorn im Auge, und hätte ihn Gott nicht auf wunderbare Weise beschützt, so wäre er vom Schicksal der bethlehemitischen Kinder ereilt worden. Das Kindheitsevangelium weist also bereits auf die Passionsgeschichte und auf die Situation der Gemeinden am Ausgang des 1. Jahrhunderts hin, als das von allen Seiten bedrohte Christentum um seine Existenz bangen mußte.

Ein düsteres Bild bietet auch der Beginn des öffentlichen Wirkens Jesu. Sein „Vorläufer", Johannes der Täufer, erleidet den Märtyrertod, weil er es nicht schweigend hinnehmen kann, daß der Vierfürst Herodes von Galiläa vor allem Volk die jüdischen Ehegesetze mißachtet. Hätte nicht auch Jesus, der seine Predigttätigkeit unmittelbar nach der Festnahme des Täufers begann, gegen das anstößige Verhalten seines Landesherrn protestieren müssen? Wer so argumentiert, vergißt, daß Jesus nicht gekommen war, um für die Einhaltung der mosaischen Ehegesetze zu sterben. Was aber das Scheidungsverbot betraf – das zwischen dem Täufer und Herodes gar nicht zur Debatte stand, weshalb sich die Geschichte auch nicht eignet, um das starre Verhalten der Kirche gegenüber Geschiedenen zu rechtfertigen –, so hat Jesus in der Unauflöslichkeit ein Zeichen gläubiger Treue Gottes gesehen, das von seinen Jüngern abgelegt werden sollte. So wenig also Jesus die Affären seines Landesherrn billigen konnte, ein Grund zu kompromißlosem Widerstand bis in den Tod waren sie für ihn nicht. Sein Zusammenstoß mit den Autoritäten des Judentums hatte andere, tiefere Ursachen.

Zur Zeit Jesu waren die politischen Verhältnisse in Palästina nur scheinbar geordnet. In Wirklichkeit gab es zwischen den verschiedenen Machthabern, Instanzen und Gruppierungen ständig Rivalitäten, Kompetenzstreitigkeiten und kaum verhüllte Feindschaft. Über Galiläa herrschte, wie schon erwähnt, der Vierfürst Herodes Antipas. Er verdankte seine Stellung der Gunst Roms, worauf er ständig Rücksicht zu nehmen hatte. Von daher erklärt sich wohl auch sein Mißtrauen gegen alle messianischen Volksbewegungen, zumal fanatische Terrorgruppen den Frieden im Land immer wieder gefährdeten. In geistlichen Dingen – und die umfaßten damals weite Bereiche des öffentlichen und privaten Lebens – hatte der Jerusalemer „Hohe Rat" ein gewichtiges Wort mitzureden. Diese den Juden verbliebene Verwaltungs- und Gerichtsbehörde konnte ihre polizeilichen Befugnisse zwar unmittelbar nur in den Gemeinden Judäas ausüben, doch dienten ihr die pharisäischen Schriftgelehrten oft als verlängerter Arm auch in anderen jüdischen Gebieten. Mit diesen Aufpassern und Vertrauensleuten des „Hohen Rates" scheint Jesus bereits in Galiläa zusammengestoßen zu sein, bevor er dann in Judäa endgültig in die Fänge des obersten jüdischen Gerichts geriet.
Der aus 71 Mitgliedern bestehende „Hohe Rat" wurde vom amtierenden Hohenpriester geleitet, und die Mitglieder der hohenpriesterlichen Familien bildeten in ihm gewissermaßen den regierenden Ausschuß. Das Plenum setzte sich aus den „Ältesten", den Vertretern des Laienadels, und den meist pharisäischen Schriftgelehrten zusammen, die zur Zeit Jesu sogar den Ton angaben. Allerdings war die Kompetenz des Gremiums durch die römische Oberhoheit stark eingeschränkt. Politische Entscheidungen, etwa über Krieg und Frieden, konnten nicht getroffen werden, und Todesurteile bedurften der Bestätigung durch das Gericht des Statthalters. Auch scheinen sich die Römer wie in allen besetzten Gebieten die Vollstreckung der Todesurteile vorbehalten zu haben.
Die Evangelien lassen keinen Zweifel, daß der Prozeß Jesu von langer Hand vorbereitet war. Jesus muß sich schon sehr bald bei den führenden Kreisen seines Volkes und vielleicht auch bei der römischen Besatzungsmacht unbeliebt und ver-

dächtig gemacht haben. Über die wahren Gründe, die zu seiner Verurteilung führten, gehen freilich die Angaben der Evangelien und noch mehr die Meinungen der heutigen Exegeten auseinander. Wie leicht einzusehen, hat die Streitfrage nicht nur historisches Interesse, und sie ist auch nicht nur für das Verständnis der Leidensgeschichte bedeutsam. Es geht vielmehr um die Gesamtauffassung der Person und des Werkes Jesu.

Großer Beliebtheit erfreut sich heutigentags die Ansicht, Jesus sei ein Angehöriger der nationalistisch jüdischen Partei der Zeloten gewesen, ein jüdischer Freiheitskämpfer, ja ein Revolutionär, der die unterdrückten und ausgebeuteten Klassen Palästinas in das Gottesreich sozialer Gerechtigkeit habe führen wollen. Deshalb hätten sich die jüdischen Großgrundbesitzer und Feudalherren, die Nutznießer des politischen und wirtschaftlichen Status quo, mit der römischen Besatzungsmacht gegen ihn verbündet. Ein solches Jesusbild paßt vorzüglich in das Konzept aller christlich angehauchten Systemveränderer in Lateinamerika und anderswo, es dient aber auch manchen jüdischen und christlich-jüdischen Theologen, um Jesus als Opfer rein politischer und wirtschaftlicher Interessen erscheinen zu lassen. Zwischen Jesus und den wahrhaft frommen Juden habe es keinerlei Kontroversen gegeben, der theologische Unterschied sei erst durch Paulus und das Heidenchristentum in die Überlieferung hineingetragen worden. Darum dürfte man auch das offizielle Judentum nicht für den Tod Jesu verantwortlich machen.

Ebenso unhaltbar wie die einseitig politische Interpretation Jesu ist die gegenteilige Meinung, der Nazarener habe sich überhaupt nicht um weltliche Instanzen gekümmert, sondern seinen Blick allein auf die kommende Gottesherrschaft gerichtet. (Deshalb solle sich auch der Christ gegenüber jeder politischen Obrigkeit loyal bzw. neutral verhalten und sich nur um das Heil seiner Seele sorgen.) Mit dieser unpolitischen, rein religiösen Jesusdeutung haben es die Herrschenden immer gut verstanden, die Gläubigen zu verläßlichen Stützen ihrer jeweiligen Systeme umzufunktionieren. Es waren aber nicht nur die bösen Erfahrungen mit den unmenschlichen, totalitären Systemen, durch die Christen wachsam geworden sind, auch die Evangelienforschung hat erkannt, daß Jesus – ohne ein Zelot gewesen zu sein – durchaus nicht der weltfremde Prophet rein religiöser Innerlichkeit war. Seine Äußerungen über irdische Machthaber und politische Verhältnisse verraten sehr wohl kritische Beobachtungsgabe, Illusionslosigkeit und Sachverstand.

Jesus wußte recht gut, wie es an den Höfen der Könige zuging (Mt 11,8), er kannte die Methoden autoritärer, absolutistischer Machtausübung (Mk 10,42). Und wenn ihm noch Zweifel an der Willkür und Brutalität geistlich-politischer Justiz geblieben wären, sein eigener Prozeß hätte ihn eines Besseren belehrt. Trotzdem hat Jesus nicht den Umsturz gepredigt, er hat das Volk nicht aufgewiegelt, daß es sich an Reichen und Mächtigen räche, um sich vielleicht selbst an die Spitze einer revolutionären Bewegung zu stellen.

Was Jesus getan hat, bedeutete jedoch einen weit grundsätzlicheren Angriff auf alle weltlichen und geistlichen Herrschaftssysteme. Mit seiner Verkündigung des Königtums Gottes als einer unmittelbar bevorstehenden, alle Bereiche des Daseins erfassenden Realität hat er die Mächtigen in Staat und (jüdischer) Kirche ihrer angemaßten Gottesherrlichkeit entkleidet. Autorität und Ordnung mögen notwendig sein, aber sie dürfen sich nicht als Stellvertreter Gottes ausgeben. Dies ist auch der Sinn jener berühmten Antwort, die Jesus auf die Frage nach der Erlaubtheit der Kaisersteuer gegeben hat. Der Kaiser soll bekommen, was ihm zusteht, aber er ist nicht Gott und muß deshalb die Rechte Gottes und der Menschen respektieren. So ist im Evangelium begründet, was als Errungenschaft der Aufklärung und der neuzeitlichen Emanzipationsbewegungen gilt: die Entsakralisierung der politischen Ordnungen, die Abschaffung des „Gottesgnadentums", die Befreiung des Menschen von absolutistischer, totalitärer Herrschaft.

Jesus hat sich jedoch nicht mit bloßer Ideologiekritik begnügt, er wollte in seiner Gemeinde ein „Gegenmodell" zu den Formen weltlicher Machtausübung schaffen. Dort, wenigstens dort, sollte „es nicht so sein" (Mk 10,43), daß Menschen „von oben herab" regiert werden, daß Beschuldigte ohne vorherige Anhörung, hinter ihrem Rücken, verurteilt werden (Mt 18,15–17), daß der verlorene Sohn seine Schuld zeitlebens büßen muß (Lk 15). An der Verwirklichung dieses „Gegenmodells" zu arbeiten, bleibt der ständige Auftrag an uns, wenn wir es mit der Nachfolge Jesu ernst meinen.

Jesus: Im Umgang mit Gegnern

Wie Menschen mit ihren persönlichen, politischen, nationalen oder weltanschaulichen Gegnern umzuspringen pflegen, ist bekannt. Trotzdem läßt sich nicht leugnen, daß seit den Tagen der Blutrache, des Faustrechts, des strengen „Aug' um Aug'" und „Zahn um Zahn" einige bescheidene Fortschritte auf mehr Humanität und Versöhnlichkeit hin gemacht worden sind. Zu dieser leider immer wieder gefährdeten Entwicklung hat das Christentum ohne Zweifel einen erheblichen Beitrag geleistet. Doch man muß wohl denen recht geben, die diesen christlichen Beitrag – gemessen an der ursprünglichen Intention Jesu – für völlig unzureichend halten.

Wer die Evangelien ohne die nötige Einsicht in ihre komplizierten Entstehungsverhältnisse liest, könnte allerdings zu der Meinung kommen: Auch Jesus hat sich zu seinen Widersachern nicht viel anders verhalten als vergleichbare Gestalten der Religions- und Geistesgeschichte. Er hat die Pharisäer und Schriftgelehrten pauschal beschimpft, lächerlich gemacht, sie aller möglichen Fehler und Verbrechen bezichtigt, ihnen sogar geflucht und die ewige Verdammnis angedroht. Man lese nur die Schelt- und Wehrede bei Matthäus 23! Anderen Wortüberlieferungen, den Streitgesprächen, zufolge hat Jesus sich nicht auf lange Diskussionen eingelassen, sondern seine Gegner mit einer kurzen, oft ironischen Antwort abgefertigt, so daß sie wie begossene Pudel von dannen ziehen mußten. Selbst in der Leidensgeschichte zeichnen die Evangelien Jesus als einen, der es nicht nötig hat, mit seinen Anklägern zu reden und auf ihre Vorwürfe einzugehen. Er schweigt beharrlich und öffnet seinen Mund nur, um tätliche Beleidigungen abzuwehren (Jo 18,23) oder seinen Richtern mit Gottes Gericht zu drohen (Mk 14,62).

Auffälligerweise aber gibt es – außer einer gleich zu besprechenden Ausnahme – keine einzige Überlieferung, die von Jesus erzählen würde, er habe einen seiner Gegner geschlagen, er habe zur gewaltsamen Unterdrückung von Andersdenkenden aufgerufen und Widerstrebende von seinen Jüngern niederschlagen lassen. Im Gegenteil, diesbezüglichen Wünschen

der „Donnersöhne", des Jakobus und Johannes (Lk 9,54), oder des streitbaren Petrus (Jo 18,10–11) wird eine klare Abfuhr erteilt. Nun ist da aber die Geschichte von der sogenannten Tempelreinigung, das heißt, der gewaltsamen Vertreibung von Händlern und Geldwechslern aus dem Vorhof des Jerusalemer Tempels (Mk 11,15–17 parr). Den einen dient die Geschichte als endlicher Beweis, daß der christliche Glaube keine Leisetreterei sei, sondern in manchen Fällen entschiedenes Eingreifen und harte Maßnahmen erfordere. Anderen wiederum erscheint die Vorstellung eines geißelschwingenden und Tische umstoßenden Jesus einigermaßen peinlich zu sein, und man versucht, die Geschichtlichkeit des Vorgangs überhaupt zu bestreiten oder das Ganze zu einem kleinen „prophetischen Zeichen" herabzustilisieren, und sagt: In irgendeinem Winkel des riesengroßen Tempelplatzes habe Jesus mit ein paar symbolischen Geißelhieben die Abschaffung des jüdischen Opferkultes andeuten wollen. Wie dem auch sei, die Geschichte bleibt rätselhaft, und wir können wohl nur die eine Möglichkeit ausschließen, daß die „Tempelreinigung" das verabredete Signal zu einem (mißglückten) messianischen Aufstand gewesen sein sollte.
In der gleichen Linie einer heutzutage beliebten linken Politexegese liegt es übrigens, wenn die Händler und Geldwechsler flugs zu Repräsentanten der jüdischen Hochfinanz aufgebaut werden: Diese finsteren Mächte hätten sich mit der römischen Besatzungsmacht verbündet, und ihnen beiden, dem Kapitalismus wie dem (westlichen) Imperialismus, habe der eigentliche Kampf Jesu gegolten, wodurch auch das Feindbild des heutigen Christentums eindeutig vorgegeben sei. Mir scheint, dieser linke Faschismus geht an den Absichten Jesu nicht weniger vorbei als der rechte.
Der Fehler beginnt schon dort, wo man überhaupt die Frage stellt, „gegen wen" sich die Botschaft Jesu gerichtet habe, ob gegen die Pharisäer und Schriftgelehrten oder gegen die Römer und ihre jüdischen Kollaborateure, den Tempelklerus und die Großgrundbesitzer. Jesus hat gegen niemand gepredigt, nicht einmal gegen die erklärten Feinde Gottes, die Heiden und öffentlichen Sünder. Dies war gerade das Unerhörte, Ein-

malige und Anstößige seines Auftretens, daß er von sich aus keinen Gegner haben wollte und niemand zum Feind, zum Bösewicht abstempelte. Gott ist für alle, lautete seine Botschaft, er schließt niemand von seinem Reiche aus, der nicht selber draußen bleiben will, vor ihm gelten keine Unterschiede des Standes, der Nation, der Rasse oder Weltanschauung. Damit hat Jesus ganz bewußt ein Grundschema biologischen Verhaltens, die „Freund-Feind-Reaktion", in Zweifel gezogen und dem Menschen neue, „göttliche" Methoden der Konfliktbewältigung gezeigt (Mt 5,45).
Eigentlich hätte man erwarten können, daß alle Menschen über diese Botschaft der Versöhnung froh gewesen wären. Nun brauchen sie doch keine Angst mehr zu haben, weder voreinander noch vor Gott, nun durften sie alle Brüder und Schwestern sein als Söhne und Töchter des gemeinsamen Vaters im Himmel. Aber weit gefehlt! Die meisten Menschen waren gar nicht erfreut, daß Jesus ihnen im Namen Gottes ihre gewohnten Feindbilder nehmen wollte. Sie fürchteten, ihre Identität zu verlieren, wenn ihnen der etablierte Widerpart fehlte. Was lohnt es sich noch, fromm und gerecht zu sein, wenn Zöllner und Sünder, statt ihrer verdienten Strafe entgegenzusehen, die ersten Plätze im Gottesreich einnehmen sollten? Was war der Vorzug noch wert, ein Sohn Abrahams, ein Glied des auserwählten Volkes zu sein, wenn man Heiden und Samaritern nicht mehr mit Haß und Verachtung begegnen durfte? Und wem machte es noch Spaß, als Herr zu fungieren, wenn er sich dabei als „Diener aller" (Mk 10,44) betätigen sollte? Nein, die Menschen wollten ihre alte Ordnung behalten, sie wünschten klare Abgrenzungen zwischen oben und unten, reich und arm, zwischen Gesunden und Kranken, Guten und Bösen. Schließlich mußte es doch welche geben, auf die man als anständiger Bürger mit dem Finger zeigen und die man mit gutem Gewissen im Namen Gottes totschlagen konnte!
Jesus, der selber keine Gegner haben, sondern alle Menschen für Gott gewinnen wollte, sah sich gerade wegen dieser friedlichen Absicht zusehends von Feinden umringt. Die eingangs zitierten Texte könnten nun zu der Auffassung verleiten: Also

hat Jesus erkannt, daß seine anfängliche Haltung naiv und wirklichkeitsfremd war. Jetzt, gegen Ende seines Lebens, hat er gelernt, daß man Gegner nicht schonen darf, sondern sie mit den gleichen oder (besser noch) überlegenen Waffen bekämpfen muß. Schade, daß diese Einsicht zu spät kam und ihn nicht mehr vor dem Tode retten konnte! Ein Trost, daß seine Kirche sich so rasch in der Welt zurechtfand und ihre inneren wie äußeren Gegner oft genug mit der nötigen Härte verfolgt hat, sofern sie dazu in der Lage war!

Gottlob, es gibt noch genügend andere Überlieferungen, die erkennen lassen, daß Jesus bis zum letzten Atemzug sich selber treugeblieben ist. Mit Pharisäern und Schriftgelehrten hat er nicht nur im Ton der Streitgespräche verkehrt, vielmehr ließ er sich oft von ihnen zu Tische laden, und bei solchen Gelegenheiten hat er in der versöhnlichen Form des Gleichnisses um Verständnis für seine Botschaft geworben. Freilich ist Jesus auch Menschen begegnet, vor allem während seines Prozesses, denen gegenüber es von vornherein zwecklos erscheinen mußte, an Einsicht, Güte und Abbau von Feindseligkeiten zu appellieren: den stur ihre Befehle ausführenden Tempeldienern und Soldaten, den von ihrer Unfehlbarkeit überzeugten Hohenpriestern, Richtern und Beamten, den Männern der Macht, die zynisch und arrogant ihre Position behaupten, koste es, was es wolle. Für solche Menschen konnte Jesus nichts anderes tun, als den Protest seines Todes einlegen, und diese äußerste Methode im Umgang mit unversöhnlichen Gegnern hat noch nichts von ihrer Aktualität verloren.

Nun wird heute vielfach behauptet, und der Einwand verdient Beachtung, der Märtyrertod habe nichts verändert, sondern nur die bestehenden Herrschafts- und Besitzverhältnisse stabilisiert: die Zyniker der Macht ließen sich auch durch das Blut noch so vieler Unschuldiger nicht rühren, das einzige Argument, das sie beeindruckte, sei die Gefährdung ihres eigenen Lebens. Dies mag vom tagespolitischen Standpunkt aus völlig zutreffen, aber meinen unsere christlichen Eiferer denn ernsthaft, Plastikbomben und Maschinenpistolen seien geeignetere Mittel zur Versöhnung als das Kreuz?

Jesus und die Randgruppen

Vor einiger Zeit sagte mir ein sonst sehr engagierter und geistig aufgeschlossener Christ: Er könne es einfach nicht mehr hören, dieses ständige Gerede vom Randgruppen-Jesus. Als ob sich das ganze Christentum in der Asozialen- und Minderheitenfürsorge erschöpfe. Fast jeden Sonntag bekomme man im Gottesdienst eine andere Gruppe von Außenseitern, Deklassierten und Benachteiligten vorgestellt: die Gastarbeiter, die geistig und körperlich Behinderten, die Obdachlosen, die Strafgefangenen, die Alten, die Geschiedenen, die Slumbewohner der lateinamerikanischen Großstädte, die rassisch Diskriminierten in Südafrika, die politisch Verfolgten in Chile, die Lepra-Kranken in Indien, die Kriegsopfer und Flüchtlinge in Vietnam und natürlich immer wieder die Opfer der großen Naturkatastrophen, der Dürre, der Überschwemmungen und Erdbeben. Wenn man schon Tag für Tag in der Zeitung, im Radio und im Fernsehen mit Unglücksnachrichten und der Aufdeckung von Mißständen überschüttet werde, wolle man wenigstens am Sonntag in der Kirche etwas Erfreulicheres hören. Das Ärgerlichste aber sei, daß Jesus gewissermaßen zu einem Sozialanwalt und Rotkreuzhelfer gemacht werde, wenn nicht gar zu einem revolutionären Veränderer der gesellschaftlichen Strukturen.

Man kann das Unbehagen an einem massiert und einseitig propagierten Sozialchristentum gut verstehen. Der ständige Hinweis auf die Not und das Elend anderer wirkt mit der Zeit monoton, zumal wenn er, wie meist, in einen Appell an die Geldbörse ausmündet – mit oder ohne Hirtenwort. Auch scheint der Eindruck nicht ganz zu trügen, daß fast ausschließlich die ungerechten Zustände in den westlichen Ländern angeprangert werden, während von der Verfolgung und Unterdrückung Andersdenkender in den Ostblockländern kaum die Rede ist. Schließlich will niemand gern als „kalter Krieger" und Revanchist gelten oder gar die nach Osten gerichtete Entspannungspolitik des Vatikans stören, indem er öffentlich für die inhaftierten Priester und Ordensleute z. B. in der Tschechoslowakei betet. So gerät die Randgruppenproblematik

leicht in den Sog politischer und innerkirchlicher Auseinandersetzungen, wobei Jesus selbst nicht immer der Gefahr entgeht, als Parteigänger abgestempelt und „zerteilt" (1 Kor 1,13) zu werden.
Angesichts dieser mit mancherlei Vorurteilen, Emotionen und Mißverständnissen belasteten Szene ist es sicher hilfreich, einmal möglichst objektiv nach dem Stellenwert zu fragen, den die gesellschaftlichen Randgruppen im Wirken des irdischen Jesus eingenommen haben.
Was dem Historiker zunächst auffällt, das sind die völlig anderen Voraussetzungen, unter denen die Thematik im Umkreis Jesu begegnet. Damals ging es noch nicht um die politischen, wirtschaftlichen und sozialen Probleme, und die Frage, wie man Menschen, die am Rande einer Wohlstandsgesellschaft leben, am besten helfen könne: durch Wiedereingliederung in den Arbeitsprozeß, durch mehr Chancengleichheit in Schule und Beruf, durch gezielte Förderungsmaßnahmen und vieles andere mehr. Das Judentum der Zeit Jesu betrachtete die Randgruppen vorwiegend unter theologischem Aspekt. Man fragte sich etwa, ob die Landbevölkerung, die zu arm und zu ungebildet war, um das Gesetz des Mose und seine schriftgelehrten Erweiterungen beobachten zu können, nicht von Gott verflucht sei (vgl. Jo 7,49). Ähnlich sah man in schweren Krankheiten und körperlichen Gebrechen eine verdiente Strafe Gottes, wie aus der Geschichte vom Blindgeborenen hervorgeht: „Rabbi, wer hat gesündigt, dieser oder seine Eltern, daß er blind geboren wurde?" (Jo 9,2.34).
Kein Wunder also, wenn es in der Gemeinschaftsregel der Qumranessener, jener extrem an priesterlich-kultischer Reinheit interessierten Sekte, hieß: „Kein Mann, der mit irgendeiner Unreinheit des Menschen geschlagen ist, darf in die Versammlung Gottes eintreten. Jeder Mann, der mit diesen Unreinheiten geschlagen ist, ist untauglich, eine Stellung inmitten der Gemeinde einzunehmen. Und jeder Mann, der an seinem Fleisch geschlagen ist, gelähmt an den Füßen oder Händen, hinkend oder blind oder taub oder stumm oder mit einem Makel an seinem Fleisch geschlagen, der vor den Augen sichtbar ist, oder ein alter Mann, der zittert, daß er sich nicht

aufrecht halten kann inmitten der Gemeinde: nicht dürfen diese kommen, um inmitten der Gemeinde der angesehenen Männer einen Platz einzunehmen: denn die Engel der Heiligkeit sind in ihrer Gemeinde" (1 MSa 2,3–9).

Die Grundfrage, mit der sich Jesus auseinandersetzen mußte, lautete also nicht: Was soll geschehen, damit die vom Leben Benachteiligten eine menschenwürdige Existenz finden?, sondern: Wie steht Gott zu seinen Geschöpfen, die aus was für Gründen auch immer in Not geraten sind? Man möchte meinen, daß diese Frage doch reichlich abstrakt und wirklichkeitsfern gewesen ist. Vom Standpunkt unserer modernen säkularisierten Gesellschaft gewiß, aber nicht für die Staatsform der Theokratie, in der Gottes Gesetz und Wille alle Verhaltensweisen regelte bzw. regeln sollte. Wenn die Schriftgelehrten zum Beispiel der Überzeugung waren, Gott und seine heiligen Engel würden durch die Anwesenheit eines verkrüppelten Menschen beleidigt, dann war es nur logisch, einen so vom Himmel Verabscheuten auch auf Erden zu meiden. Oder wenn es feststand, daß Gott die Zöllner und Dirnen, die unbeschnittenen Heiden und ketzerischen Samariter nicht in das kommende Reich hineinlassen werde, dann mußte sich der Fromme schon jetzt von solchen Leuten absondern. Das Urteil Gottes hatte also sehr wohl praktische Bedeutung – sofern man es akzeptierte.

Das aber war der Punkt. Was nämlich die Schriftgelehrten als göttliche Bestimmung ausgaben, das entsprach im allgemeinen dem „gesunden Volksempfinden", das zu allen Zeiten die Lebensuntüchtigen und aus der Bahn Geworfenen ins Abseits gedrängt hat. Dagegen konnte sich Jesus weder auf die Tradition noch auf die mehrheitliche Meinung im Volk berufen, man mußte ihm schon glauben, daß Gott dem verlorenen Sohn nicht die Tür versperrt, wie es der ältere Bruder wohl aus guten Gründen getan hätte.

In zahlreichen Gleichnissen und Lehrerzählungen wollte Jesus zeigen, daß Gott keine Benachteiligten, Deklassierten, Ausgestoßenen kennt. Er zahlt allen den gleichen Lohn, mögen sie viel oder wenig geleistet haben. Er ruft die an den Zäunen und Wegen lagernden Krüppel, Lahmen und Blinden an

seinen Tisch, ohne sich vom Murren der sauber gekleideten und ordentlichen Bürger beeindrucken zu lassen. Das alles ist wohlbekannt und wird heute in der Theorie kaum mehr bestritten. Selbst Ungläubige hätten nichts dagegen einzuwenden, daß Gott (falls es ihn gibt) den im Leben zu kurz Gekommenen einen Ausgleich im Jenseits verschafft. So hat sich die theologische Situation grundlegend geändert. Gott wird von den Wohlhabenden, Tüchtigen, Gesunden nicht mehr gebraucht, um sich unsympathische und störende Randgruppen möglichst vom Leibe zu halten und dabei noch ein gutes Gewissen zu haben. Man überläßt Gott vielmehr gern jenen armen Teufeln, die weder sich selbst helfen können noch denen von anderen entscheidend zu helfen ist – sie sollen sich mit ihm und seinen himmlischen Verheißungen trösten.
Auch bei manchen Gläubigen besteht die Neigung, die Sorge für die Randgruppen auf Gott abzuschieben und sich mit Fürbitten oder gelegentlichen kleineren Spenden von der Verantwortung loszukaufen. Eine ähnliche Alibifunktion haben – man muß es leider sagen – auch viele sogenannte Sozialgottesdienste. Sie erschöpfen sich oft in Schilderungen von Mißständen, Anklagen, Protesten, Resolutionen, Reformvorschlägen und wohlformulierten Gebeten. Ob aber Worte allein auch nur einen einzigen jungen Menschen bewegen, sein Leben in der Nachfolge Jesu dem Dienst am Notleidenden zu widmen?
Vielleicht liegt dies hauptsächlich daran, daß solche kirchlichen Veranstaltungen zu sehr sozialpolitischen Foren und Seminaren nachgebildet sind. Sie vermitteln gewiß sachliche Informationen, sie können auch gerechten Zorn, Mitleid, Trauer und viel guten Willen aufrühren, ihnen fehlt aber etwas ganz Wichtiges – die Fröhlichkeit. Jene Fröhlichkeit, die aus dem Glauben an Gottes leidüberwindende Liebe stammt. Denn wer vermöchte sein ganzes Leben lang, Tag für Tag, dem menschlichen Elend unmittelbar und hautnah zu begegnen, ohne abzustumpfen und ohne mutlos zu werden, wenn Gottes Liebe ihm nicht ein allzeit fröhliches Herz bescherte?